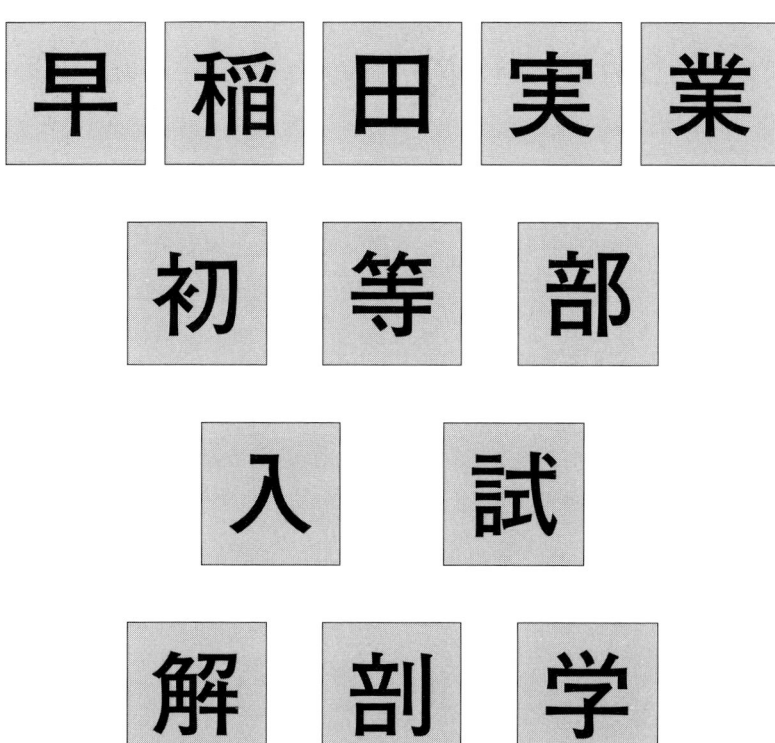

アンテナ・プレスクール 編

はしがき

　この本は、早稲田実業初等部の受験を考えるご両親を読者として想定し、Q&A方式で入学試験に関する疑問にお答えする本です。既刊の「慶應幼稚舎入試解剖学」でも申し上げましたが、「解剖学」というタイトルは言いすぎかもしれませんが、解剖のようにディテールにいたるまでご理解いただけるよう、努力したつもりです。

　質問項目は、現在アンテナをご利用いただいているお母様たちにアンケート調査をしたものがベースになっています。紙面の関係などで、ご紹介できなかった質問も多数ありましたし、今後読者の方からお寄せいただく質問は、続編の機会があればご紹介したいと存じます。

　私たち（アンテナ・プレスクールのスタッフ）と接点のない方々にとっては、はじめてお知りになるようなことも多々あるかもしれません。「へぇ～、そうなんだ！」ということも少なくないでしょう。残念なことに、小学校受験（幼稚園受験も含めて）に関しては情報が偏在しています。当スクールの内部生向けの過去問集などを除き、大学受験の「赤本」のような詳細な過去問集すらないのが実情です。

　私は北海道の田舎で育ちましたので、幼稚園のときは、家のそばの土手でアリを捕まえたり、泥遊びをして過ごしたものです。子供

ＷＷＷＷＷＷＷ

の頃は、「思い切り遊ぶのが仕事」という田舎モノ特有の価値観を未だに払拭できず、アンテナ・プレスクールでも、お子様へのストレスを最小限にするために、受験に最低限必要のものに絞って最小の時間で対策をし、それもやさしくご指導し、ただし、そういう出題可能性が高いところはしっかり繰り返すという方法を採用しています。その前提としては、詳細な過去問分析が必須です。

　当スクールで会員向けに頒布している過去問集も、この「解剖学」シリーズも、アンテナ・プレスクール出身の受験者のこころよい協力があってはじめて成立しています。アンケート調査にご協力頂いたご利用者を含め、この場を借りて御礼申し上げます。同時に、この本で紹介している過去問情報は学校発表のものではなく、受験したお子様から直接あるいは間接的に入手した情報ですので、実際の試験の内容と異なる場合があると思います。その点をご承知おきのうえ、お読み頂けますと幸いです。

　「早稲田実業」＝「寄付金」みたいなイメージを未だに持っている方々もいて、私は驚きますが、早稲田実業はしっかりと的確な対策をすれば努力が報われやすい学校です。この本が早稲田実業初等部を目指す方の一助になれば幸いです。

編者代表（アンテナ・プレスクール校長）石井至

早稲田実業初等部　入試解剖学
目次

第1章　早稲田実業初等部の募集状況とお教室選び……P1

- Q1. 募集状況はどうなっていますか？
- Q2. 男女別の倍率はどうなっていますか？　女子は難しいのですか？
- Q3. 男子の募集状況を教えてください。
- Q4. 女子の募集状況を教えてください。
- Q5. 女子は応募者ベースでは倍率が高かったということですが、受験辞退する人も多いようですね。受験者ベースで倍率を見ても、やはり女子は男子よりも競争が激しいですか？
- Q6. 幼稚舎もそうですが、早稲田も13倍〜14倍と非常に厳しい競争です。受験しても無駄じゃないですか？
- Q7. その「的確な対策」というのはなんですか？
- Q8. 過去問は過去に出た問題であって、次回に出題されるとは限らないのではないですか？
- Q9. 親は、「的確な対策」において何をすべきでしょう？
- Q10. 「過去問」はどこで入手できるのですか？
- Q11. 具体的にどのような問題が出題されているかを把握したら、次に、どうしたらよいでしょうか？
- Q12. 早稲田対策でのお教室選びのポイントは？
- Q13. 合否を分けるという「自由遊び」の対策のポイントは？
- Q14. 「子供に厳しいお教室では実践的な実力が身につかない」というのは、どういうことですか？
- Q15. 今、通っているお教室では「慶応・早稲田コース」で、幼稚舎対策と早稲田対策が混在しているのですが、そういう対策ではダメですか？
- Q16. 体操教室は行ったほうがいいですか？
- Q17. 早稲田は運動が出題されなくなりましたが、運動が出題される幼稚舎のような学校でも体操教室は不要なのですか？

W W W W W W W

第2章　早稲田実業初等部の入試の実際〜①総論　……P23

Q18．早稲田の試験は、どのような試験なのですか？
Q19．どうして運動などの試験がなくなったのですか？
Q20．2008年度の試験日程は幼稚舎のようにもっと長くできたのに、どうして（前の6題に戻さずに）4題のままで変えなかったのですか？
Q21．試験はいつですか？
Q22．2008年度に限って、女子は月齢が大きい順で、男子は小さい順という変則的な順序で試験をしたのはどうしてですか？
Q23．1次試験と2次試験の合格者数についてどうなっていますか？
Q24．試験は朝早くからあるのですか？
Q25．1次試験の流れについて教えてください。
Q26．持ち物・服装の指定はどうですか？　他に注意事項は？
Q27．実際には、どのような服装を着ていくのですか？
Q28．ゼッケンは、幼稚舎のようなビブス（サッカー用）ですか？
Q29．試験の間、保護者は何をしているのですか？
Q30．試験の内容は、原則として試験日によって違うということですが、別の試験日で同じ問題が出ることはあるのでしょうか？

第3章　早稲田実業初等部の入試の実際〜②各論　……P41

Q31．早稲田の1次試験では、具体的にはどのような課題が出題されているのですか？
Q32．生活分野の「ちぎり絵」というのはどういう課題でしたか？
Q33．集団テストの「自由遊び」はどういう課題でしたか？
Q34．「自由遊び」のポイントはどこですか？
Q35．「自由遊び」が合否をわける、というのは、どういうことですか？
Q36．「自由遊び」は、なぜ、良問なのですか？
Q37．第三会場の「ペーパー」はどのような問題が出題されるのですか？
Q38．「ペーパー」の具体的な出題例を教えてください。
Q39．第四会場の「単純課題絵画」の具体的な出題例を教えてください。
Q40．2次試験は「親子面接」ということですが、流れを教えてください。
Q41．2次試験の面接では、どんなことが聞かれますか？

Q42. ２次試験の面接で「関係者はフリーパス」だとすれば、兄姉が在校していなくて、親が出身でもない家庭の場合の、面接でのポイントは？

Q43. 子供が緊張しやすくて困っています。緊張すると話せなくなります。２次の面接で、一言も話せなくなったらどうしようかと心配です。どうしたらよいでしょうか？

第４章　早稲田実業初等部に合格するご家庭像 ………P71

Q44. どういうご家庭が合格していますか？

Q45. 両親がサラリーマンの共働きで保育園でも合格しますか？

Q46. 「お母さんが仕事をしていると合格しない」という噂をよく聞くのですが…。

Q47. 土日にお教室に通えば、母親が働いていても合格するのですか？

Q48. 両親がどちらかでも早稲田出身（中・高・大）であることは合否に関係ありますか？

Q49. 「両親が出身でも、１次試験に関しては（基本的には）関係がない」ということですが、逆に言えば、例外的に、少数かもしれませんが、合否に関係があるというケースがあるということですか？　いわゆるコネということですか？　コネで合格するのですか？

Q50. 兄や姉が在校生の場合は、優先的に合格できるのでしょうか？

Q51. 兄が他の私立小学校に通っています。不利ですか？

Q52. 遠距離通学は不利ですか？

Q53. 早稲田に合格するご家庭は「お金持ち」だっていうのは本当ですか？子供が優秀でも、家庭の資産がみられて、ダメだったという話を聞きました。

Q54. 早稲田は寄付をたくさんしないと合格しないのでしょうか。

Q55. 寄付をしたい気持ちは山々なのですがまとまったお金がありません。どうしたらよいですか？

Q56. 早稲田の試験では「家庭での普段の過ごし方」が重要だと聞いたことがあります。家庭では、どんなことに気をつけて日常生活を送ればよいでしょうか？

第5章　早稲田実業初等部に合格するための対策 ……P91

Q57．早稲田の試験では月齢配慮はありますか？
Q58．自宅で勉強する場合に気をつけるほうがよいことはありますか？
Q59．早稲田は、幼稚舎と同様、まったく準備してこなかった子が受験すると思うのですが、何か気をつけることはありますか？
Q60．学校の様子を知るために参加できる行事は学校説明会以外にありますか？　特に兄姉や知人が在校生にいるわけではありません。
Q61．試験直前の注意点はありますか？
Q62．試験当日の注意点はありますか？
Q63．願書の書き方で注意すべき点はありますか？
Q64．入学後の話で恐縮ですが、家庭教師は必要ですか？
Q65．これまた、入学後の話で恐縮ですが、クラス分けの基準は何かあるのですか？

さくいん
参考図書

第1章　早稲田実業初等部の募集状況とお教室選び

Q. 募集状況はどうなっていますか？

Q1. 募集状況はどうなっていますか？

　早稲田実業初等部（以下、基本的に単に「早稲田」と言います）は、私立小学校の中で、倍率が高い小学校の一つです。

　たとえば、2008年度（2007年11月実施）の試験では、募集が108名に対し応募者が1476名と、約14倍（13.66倍）でした。少子化と言われているにもかかわらず、毎年、その人気には拍車がかかっているように見受けます。過去5年の応募者数と倍率（男女合計応募者数÷108）の推移は以下のとおりです。

	2004年度	2005年度	2006年度	2007年度	2008年度
応募者数	1447	1246	1294	1460	1476
倍率	13.40倍	11.53倍	11.98倍	13.52倍	13.66倍

　早稲田実業では、慶應幼稚舎などと異なり、今のところ（2008年度までは）男女合計108名の募集です。男子○名・女子○名の募集というように、男女の合格者の内訳があらかじめ決まっているわけではありません。

Q2. 男女別の倍率はどうなっていますか？　女子は難しいのですか？

Q. 男女別の募集状況は？

　巷で言われる「女子が難しい」ということは、最近はないようです。最近２年は、男女とも約13倍から14倍と、倍率は接近しています。過去５年の男女別倍率が次の表です。ご覧のとおり、以前は女子の方が男子よりも倍率が高かったので、「巷の噂は古い」というのが実情です。

	2004年度	2005年度	2006年度	2007年度	2008年度
男子倍率	12.21倍	10.42倍	11.21倍	13.14倍	13.28倍
女子倍率	14.94倍	13.78倍	13.53倍	14.11倍	14.33倍

　最近、男女の倍率が接近してきた理由は、推測するに、男女の倍率がかけ離れないように、学校側が実際の応募状況・受験状況をみて男女の合格数を調整しているからだと思います。つまり、男女間の不公平がないよう（男女間の競争倍率が乖離しないよう）という配慮の賜物だと思います。男女別にもう少し詳しく見て見ましょう。

Q3. 男子の募集状況を教えてください。

　次の表が、男子の応募者数・受験者数・合格者数と倍率です。
　表の一番下の倍率は、応募者ベースの倍率です（「お受験」で単に「倍率」と言うと応募者ベースを指すことが一般的です。受験者を分母とする場合は、「実質倍率」などと表現されることがあります。）。

Q. 男子の募集状況は？

　表を見ていて、「あれっ」と思った人もいるかもしれません。というのは、例えば2006年度と2007年度の応募者数と受験者数を比べて、応募者数は807人から867人に増えているのに、受験者数が724人から681人に減っているからです。

男子	2004年度	2005年度	2006年度	2007年度	2008年度
応募者数	879	750	807	867	903
受験者数	725	597	724	681	796
合格者数	72	72	72	66	68
倍率	12.21倍	10.42倍	11.21倍	13.14倍	13.28倍

　よく見ると、「応募したが受験していない」人の割合（計算式：1－受験者数÷応募者数）が、1年おきに大きくなったり小さくなったりしているのです。以下が、その割合を表にしたものです。

男子	2004年度	2005年度	2006年度	2007年度	2008年度
応募したが受験していない割合	17.5%	20.4%	10.3%	21.5%	11.8%

　（後で詳しく述べますが）早稲田では例年11月1日からの試験開始で、試験の順番が男女1年ずつ交代していることがその理由だと思われます。

　具体的に言えば、2008年度は11月1日に女子から試験が行なわれ、男子は後でした（2007年度は逆に男子からでした）。その

Q. 女子の募集状況は？

ため、2008年度は、男子の他校（成蹊や立教など）の試験集中日である11月1日や人気男子校の暁星の1次試験11月2日と試験日が重ならなかったので、早稲田に応募して受験しなかった子供が少なかったのです。

一方、2007年度は、男子が11月1日からの試験だったので、成蹊・立教・暁星などと試験日が重なり、例えば「早稲田を応募はしてみたけど、やっぱり第一志望の暁星を受ける」というような人がいたため、応募者数の8割未満しか受験しなかったのでしょう。

Q4. 女子の募集状況を教えてください。

次は女子です。

女子	2004年度	2005年度	2006年度	2007年度	2008年度
応募者数	568	496	487	593	573
受験者数	434	409	341	448	429
合格者数	36	36	36	42	40
倍率	14.94倍	13.78倍	13.53倍	14.11倍	14.33倍

同様に、「応募したが、受験していない」人の割合を見てみると（計算式：1－受験者数÷応募者数）、男子と逆のタイミングで、1年おきに大きくなったり小さくなったりしているのがわかります。

Q. 実質倍率では、女子が高いの？

女子の場合は、11月1日が女子校（女学館AO、聖心、川村、白百合、東洋英和、雙葉など）の試験集中日なので、早稲田の試験が女子から始まる年は受験辞退者が多くなっています。

女子	2004年度	2005年度	2006年度	2007年度	2008年度
応募したが受験していない割合	23.6%	17.5%	30.0%	24.5%	25.1%

さらに言えば、たとえば、上記、女子の5年の割合の平均値は24.1%ですが、これは男子の16.3%（Q3の表より計算）よりも約8%大きくなっています。理由はよくわかりません。通学距離などで、「迷って応募はしたけれども、実際に早稲田を受験するとなると、ためらいがある」女子が結構いらっしゃるのかもしれません。

Q5. 女子は、応募者ベースでは倍率が高かった（Q2）ということでしたが、受験辞退する（応募したが受験しない）人も多いようですね。受験者ベースで倍率を見ても、やはり女子は男子より競争が激しいのですか？

Q2でも申し上げましたが、最近数年は男女の「応募者」ベースでの競争倍率は接近しています。

次に「受験者」ベースでの倍率の推移ですが、次の表をご覧くだ

Q. 倍率が高い学校を受けるのは無駄？

さい。

　ここ3年は男女の倍率は接近しており、2008年度に至っては男女逆転現象（男子の倍率が女子よりも高い）が起こっているくらいです。

実質倍率	2004年度	2005年度	2006年度	2007年度	2008年度
男子	10.07倍	8.29倍	10.06倍	10.32倍	11.70倍
女子	12.06倍	11.36倍	9.47倍	10.67倍	10.73倍

　ですので、「早稲田は女子に合格させるのは困難」という噂は一昔前の話で、最近数年は違う、と見るのが妥当でしょう。

Q6.　幼稚舎もそうですが、早稲田も13倍～14倍と非常に厳しい競争です。受験しても無駄じゃないですか？

　一般論としても無駄とは言えませんし、早稲田に限って言えば、さらに無駄とは言えません。

　まずは一般論。どんなに倍率が高い学校でも「受験しないと合格しません」し、競争が厳しいのは受験者すべてに共通で、あなただけにとって倍率が高いわけではありません。ですので、早稲田が第一志望校であれば、倍率が高い等と悩んでいてもしょうがないので、「早稲田を目指してきっちりと対策する」こと以外にないので

Q.「的確な対策」というのは何ですか？

はないでしょうか。幼稚舎の場合でも同じです。しっかりと対策をしてチャレンジあるのみです。

　次に個別論。早稲田の場合は、そういう倍率の高い学校を受験する一般論を超えて、現実的に「狙える」学校なので、受験が「無駄」ではまったくありません。

　語弊を恐れずに言えば、私の感覚では、早稲田が非常な難関校という感じがないのです。なぜなら、私が主宰するアンテナ・プレスクールから受験した子供たちは、受験者の４割が早稲田に合格しているからです（現時点での、過去４年のコース受講者の平均値）。私の感覚では、その数字の通り、「早稲田は倍率が２〜３倍の学校」という感覚です。

　もちろん、倍率３倍だとしても、１人は合格しても２人は残念な結果になっているということですから、「やさしい学校」とは決していえません。しかし、的確に対策を行なうことで、13〜14倍の競争の学校が２〜３倍になっています。13倍とか14倍という数字の大きさに惑わされることなく、淡々と的確に対策をすべきということでしょう。

Q7. その「的確な対策」というのはなんですか？

Q. 過去問を対策しても意味があるの？

他の学校でも同じですが、一言で言うと、過去問研究に基づいた練習です。過去問だけでなく、類題・予想問題も含めて対策するとよいでしょう。

Q8. 過去問は過去に出た問題であって、次回に出題されるとは限らないのではないですか？

私は、早稲田の入試は、ある意味で完成されたよい選抜方式だと思います。また、実際に、その試験で選ばれた子供たちを見ると「よい子」ばかりなので、試験の内容を大きく変える必然性が見つかりません。

ある学校の試験は、毎年、かなり内容が変わりました。それは、その年々の学校の反省を踏まえてのことでした。たとえば、じっとしていられない子供（徘徊児童）が入学した翌年の試験には、「図書室でじっと本を見ていられるか」が出題されたり、「いじめ」が問題になった年には「お友達と仲良くあそべるか」を課題にしていました。つまり、入学試験は「こういう子供に入学してほしい」という先生方の願いが素直に繁栄されるのです。

早稲田実業でも小さな問題は色々あるのだとは思います（まったくトラブルがない学校というのはありえないので。）が、それは大き

Q.「的確な対策」は具体的には？

な問題ではなく、基本的には、先生方と児童とが楽しく学校生活を送れているのだと推察します。だとすれば、それは今までの入学試験がきちんと機能しているということを意味するので、あえて試験の内容を大幅変更をする必要はないと考えるのが合理的でしょう。

だとすれば、「過去問」対策は非常に有効です。

また、その証拠に、数年前に出題された問題が再度出題されるということも珍しくありませんし、毎年、変わらずに出題されている問題もあります。

ですので、過去問対策、類題・予想問題対策が早稲田向け対策の基本だと言えるでしょう。

ちなみに、私の言う「よい子」とは、大人しく聞き分けのある子供ではありません。まずは、元気よく、子供らしいということが基本です。さらに言えば、人のお話をきけて、お友達とも楽しく遊べ、それなりに礼儀正しく、集中力がある子供たちです。早稲田の児童はそういう子供が多いように思います。ある意味、（一貫校としては）理想的な子供像かもしれません。

Q9．親は、「的確な対策」において何をすべきでしょう？

これは早稲田実業に限ったことではありませんが、まずは、過去

Q.「過去問」はどこで入手できるの？

問を入手し、どういう試験なのかを把握する必要があります。

　というのは、学校によって入学試験の内容はかなり異なります。ですので、漫然と対策するのではなく、よく出るところをしっかりと対策することが必要です。そのために、どのような問題が出題されているのかを把握するのが第一歩だといえるでしょう。

　そのうえで、各出題について、どのような対策をすべきかを考えて、具体的な対策を実施することになります。

Q10.「過去問」はどこで入手できるのですか？

　まずは、注意点。小学校受験の「過去問」には、大学入試の赤本のような学校発表のオフィシャルのものはほとんどありません（一部の学校が公開しているのみ）。受験者からの聞き取りで再現したものですので、その点は留意が必要です。

　「過去問」の簡単な入手方法として、書店での購入があります。「お受験」関係書籍が充実している書店では、「過去問」も何種類か発行元の異なるものがあるでしょう。見比べていただくとわかりますが、「最近の出題20題」みたいに、いつ出題されたのか、さっぱりわからないような質の低いものもあれば、年度別に内容を示しているものもあります。ただ、内容は箇条書き風のものが多く、な

Q.「過去問」把握の次にすべきことは？

かなか、読んでもイメージがわかないと思います。

　また、ある程度規模以上のお教室では、独自に「過去問」集を作成していると思いますので、お通いのお教室の先生にお尋ねいただくのが良いでしょう。一般的に言えば、市販していない、お教室独自の過去問集の方が質が高いと思います。

　私が主宰するアンテナ・プレスクールも「過去問」集を作成しております。以前は書店でも販売していたのですが、同業他社の先生方が購入し、それを元に教材作成や授業のご参考にしている節がありましたので、現在は書店での販売は中止しています。現在は、アンテナ生（入会者）にのみ頒布しています。

Q11．具体的にどのような問題が出題されているかを把握したら、次に、どうしたらよいでしょうか。

　これも早稲田対策に限ったことではありませんが、試験対策はその取り組む方法によって分類することができます。
① ご自宅で対策すべきこと。
② ご自宅でも対策できること（お教室を利用する方がよい場合もあります）
③ お教室でしか対策できないこと。

Q. 早稲田向けのお教室選びのポイントは？

の3つに分けることができます。

「①ご自宅で対策すべきこと」は、日常の家庭生活やご家庭でのお手伝いを通じて学ぶべきことです。具体的には、服をたたむ、雑巾で拭く、衣類の着脱（靴下・靴も含む）などです。詳しいことは後述しますが、これらは実際の試験で繰り返し出題されていて、早稲田対策をするお教室では授業内容に当然含まれていると思いますが、身につけるためには、ご家庭で毎日繰り返しやっていただくのが最適です。繰り返しやらないと上手にはならないのですが、それをお教室でやるというよりも、ご家庭でやるほうが効率的です。

「②ご自宅でも対策できること」には、ペーパーや制作・絵画などの個別テスト対策があります。ご自宅でもできるでしょうが、絵画に限っては、ご自宅で取り組むことは勧めません。というのは、ご自宅で上手に教えられるご両親は非常に限られているからです。早稲田向けに絵画を教えてもらえるお教室のご利用をお勧めします。ペーパーや封筒づくりなどの制作はご自宅でも取り組むことができますが、ポイントはガミガミと怒らないで指導することです。また、苦手克服をご家庭で取り組むと雰囲気が険悪になりますので、お教室を上手に活用すべきでしょう。

「③お教室で対策すべきこと」は、集団テスト対策です。早稲田の場合は、詳しくは後述しますが、アンテナで「自由遊び」と呼ん

Q. 早稲田向けのお教室選びのポイントは？

でいる試験が毎年出題されています。これはご家庭での対策は困難です。お教室の早稲田向けのグループレッスンで、講師の適切な指導の下で取り組むほかありません。

Q12. 早稲田対策でのお教室選びのポイントは？

以下のようなお教室はお勧めしません。
・早稲田対策と慶應幼稚舎対策を同じ授業でやっているお教室
　（早稲田対策と幼稚舎対策を一緒にやるというのは、過去問を研究していただければわかりますが、無理があります。逆に言えば、早稲田対策にしぼって徹底的にトレーニングするお教室がある以上、そういうところで学んでいるお子様と試験で「勝負」しなければいけないので、幼稚舎対策といっしょにやるピンボケ対策では不安になるというのが普通ではないでしょうか。）
・プライベートレッスンだけのお教室
　（詳しくは後述しますが、早稲田実業で合否を分けるのは集団テストの「自由遊び」だと思います。プライベートレッスンでは、その肝心な「自由遊び」対策ができません。）
・グループレッスンだけのお教室
　（個別テストの対策で、苦手なことを克服するのはプライベート

Q. 合否を分ける「自由遊び」対策は？

レッスンに勝るものはありません。グループレッスンでペーパーや巧緻性等を取り組んでも、お子さんが出来ること・出来ないことを指摘してもらうにとどまり、できるようになるまでの指導は物理的に無理です。「できないことはご家庭で取り組んでください」ということなのでしょうが、苦手なことを家庭で取り組むことほど、親子の間で煮詰まる状況はありません。プライベートレッスンを上手に活用すべきでしょう。)

・厳しい指導のお教室
（厳しい指導を子供にするお教室では、なかなか実践的な実力が身につきません。）

お教室選びのポイントは、一言で言えば、（過去問分析の結果、対策すべきことをリストアップしたとしたら、そのリストアップした）対策すべきことを、適切な方式で対策してくれるお教室を選ぶ、ということに尽きるでしょう。

Q13. 合否を分けるという「自由遊び」対策のポイントは？

結論から言えば、実践的に取り組むことがポイントです。
早稲田実業は前述したとおり、非常に人気のある学校です。「記

Q. 厳しいお教室の問題点は？

念受験」するお子様も多いので、試験慣れしていない受験者も多数います。本番でそういうお子様にペースをかき乱されても大丈夫なように練習しておくことが大切です。具体的に説明しましょう。

　実践的な対策をしていないお教室では、「自由遊び」の練習は、典型的には以下のように進められます。

先生：「みんなで相談して、好きな遊びで遊んでください。」

子供Ａ：「私（僕）は○○をして遊びたいです。」

他の子供：「いいよ！」　で、全員で遊び始める。

という具合です。何の障害もなく、スムーズに遊びが始まりますが、そんなことばかり練習しても、何の意味もありません。

　なぜなら、実際の試験ではそうスムーズには行かないからです。あるいは、最近では先生が、「その遊びは面白くないから、別の遊びにしよう」と言う場合もあります。

　スムーズに行かない様々なケースを想定して練習しないと、本番で通用する実力は身につかないと思います。

Q14.「子供に厳しいお教室では実践的な実力が身につかない」
　　（Q12）というのは、どういうことですか？

　２つの意味で、「厳しいお教室」はお勧めしません。

Q. 厳しいお教室の問題点は？

　ひとつには、厳しい先生の前では、怖いから緊張してしっかりできる、子供に甘えがなくなるから実力がつく、と思っているお母さんがいらっしゃいますが、それは根本から間違っています。

　厳しいお教室での対策は非常に危険です。危険と言うのは、体罰でケガをするとか、言葉の暴力で心が傷つくということもそうですが、「合格しづらくなる」という点で危険なのです。

　私は個人的には、ののしったり、体罰を行なうお教室は「論外」だと思っています。しかし、お母様方の中には「ちょっとくらい叩かれたって、合格すればよいのよ！」という方もいらっしゃいます。

　しかし、それは全然違います。

　というのは、お子様によっては、「厳しい先生だからピリっとするけど、優しい先生だとふざける」ようになってしまうからです。本番の早稲田の先生方は優しい先生ばかりで、厳しい先生はいません。ですから、厳しい先生の前だけでできても、まったく意味がないのです。

　時々、私が究極のバカ親だと思うお母様がいますが、「うちの子は『賢い』から、この先生が怒るかどうかを見極められるので、怒らない先生だとふざけるんです。」と言うのです。相手によって態度を変える子供を「賢い」と思う親の常識も疑いますし、そういう子供は「賢い」のではなく、「ずる賢い」のです。

Q. 厳しいお教室の問題点は？

　親のモラルや価値観に文句をつけるのが仕事ではないので、あくまでも合格するか否かという観点で申し上げるにしても、先生が厳しいか優しいかで態度を変えるのではなく、その場で自分は何をすべきかを考えて、自分の行動をコントロールできる子供が合格するのです。「ずる賢い」子供は試験で残念な結果まっしぐらとなるでしょう。

　もう一つには、厳しいお教室で継続的に指導を受けると、子供らしさが失われることがあり、「魅力のない子供」になってしまうからです。

　早稲田の先生方は非常に真っ当、常識的で、かつ、教育者として立派な方々ばかりです。ですから、歪（いびつ）な幼児教育にはアレルギーをもっているでしょうし、厳しい指導で能面のような表情のない子供を「入学してほしい子」とは思わないでしょう。

　在校生の児童を学校説明会のスライドなどで見ればわかりますが、早稲田の子供たちは元気がよく、子供らしい子ばかりです。

　つまり、優しい先生の前でもふざけないで、きちんと実力を発揮でき、また、子供らしい子供でいられる練習ができない点で、厳しいお教室は忌避するほうがいい、と私は思います。

Q.「慶応・早稲田コース」はダメですか？

Q15. 今通っているお教室では「慶応・早稲田コース」で、幼稚舎対策と早稲田対策が混在しているのですが、そういう対策ではダメですか？

　非常に成長が早く知能の高いお子様は、おそらく対策を何もしなくても、幼稚舎でも早稲田でも合格するでしょう。ただ、そういう子供は何百人に一人しかない例外的な存在です。

　ご自身のお子様がそのような子供であるとしたら、「慶応・早稲田コース」でも、合格するでしょう。そもそもお教室は不要なのです。

　しかし、「普通の子供」だとしたら、子供の才能に頼れませんので、対策で実力を身につけて合格するしかありません。

　たとえば、私が主宰するアンテナ・プレスクールのように、「やさしい講師の下、早稲田の過去問・過去問の類題・予想問題を繰り返し徹底的かつ実践的に練習し、無駄なことをやらないお教室」に通っているお子様たちと試験で「勝負」する場合、「慶応・早稲田コース」のような傾向の違う２つの学校の対策をごっちゃにして対策するようなお教室の授業で対抗できるのか？　というのが論点になります。ほとんどの人は、「まぜこぜ授業では不利だ」と思うのではないでしょうか。

　だとすれば、どんな学校を受験するのでも受講しなければいけな

> ## Q. 体操教室は行ったほうがいいですか？

い「共通コース」などを強制的に受講させるお教室では、言わずもがなです（話にならない。論外です）。

　自動車運転免許のように、ある程度にまで達していれば全員合格というテストではなく、「お受験」は人数で切られる試験ですから、他の受験者よりも点数を多く取ることが必要です。

　傾向にあったエッジの立った対策をしている子供に対抗するには、同じようにバッチリと得点力のつく対策をするしかないと思いますが、いかがでしょうか。

Q16. 体操教室は行ったほうがいいですか？

　結論から言うと、早稲田対策で体操教室はまったく不要です。
　私は、慶應幼稚舎のように「運動」が出題される学校の対策でも体操教室は不要だと思っていますから、「運動が出題されない早稲田」で体操教室が不要なのは言うまでもありません。
　それは、英語受験の大学の試験勉強でフランス語を勉強しているようなもので、フランス語を勉強する暇があったら英語を勉強したら？　とアドバイスしたいと思います。つまり、体操教室に行く暇があったら、自由遊びの練習をするとか、個別テストの対策をするとか、出題される問題の対策を直接的にすることをお勧めします。

Q.「運動」がある学校でも体操教室は不要？

Q17. 早稲田は運動が出題されなくなりましたが、運動が出題される幼稚舎のような学校でも体操教室は不要なのですか？

　そうです。不要です。なぜなら、同じ「運動」と言っても、実際に出題されることと、体操教室でやる「運動」と試験の「運動」が違うからです。

　体操教室では、「跳び箱」を跳んだりすると思いますが、早稲田や幼稚舎に限らず、「跳び箱を跳ぶ」という問題が「お受験」で出題されたことはないと思います。「跳び箱に平均台が立てかけてあって、そのスロープを歩き、跳び箱から飛び降りる」というのは出題されたことがありますが、言うまでもなく、それは「跳び箱を跳ぶ」というのとは、全然違います。

　そういうことをお話しすると、「えっ～！！　跳び箱って出ないの？」と驚くお母さんもいらっしゃいます。私は「そんなことも知らないの？」とは言いませんが、「そんなことも知らないんだ」と内心、驚いた経験が一度ならずあります。

　「お受験」に限らず、受験の第一歩は過去問研究だと思うのですが、過去問研究をしていれば、「跳び箱」が出題されていないことは容易にわかります。

　体操教室が不要であることについては、「慶應幼稚舎入試解剖学」

Q.「運動」がある学校でも体操教室は不要？

で詳しく書きましたので、ご興味がある方はそちらをご覧いただければ幸いです。

第2章　早稲田実業初等部の入試の実際〜①総論

Q. 早稲田の試験はどのような試験ですか？

Q18. 早稲田の試験は、どのような試験なのですか？

　1次試験と2次試験があります。1次試験合格者のみが2次試験に進めます。2次試験は親子面接です（詳しくは第3章で後述します）。

　ここでは1次試験について説明しましょう。

　最近2年間（2008年度（07年11月実施）、2007年度（06年11月実施）の1次試験は、4題の出題（個別テスト3題、集団テスト1題）です。

　具体的には、①生活（服たたみや紐通し等）、②絵画（単純課題絵画）、③ペーパー（数題）の個別テストと、④自由遊び（「みんなで相談して、好きな遊びであそびましょう」等）の集団テストの合計4題です。

　試験の内容は、原則として、試験日によって異なりますが、（慶應幼稚舎のように）試験日によって難易度が大きく異なるようには見えません。

　2006年度までは、上記に加え、個別テストとして「運動」、集団テストとして「沈黙」などが出題されていましたが、それらの出題は無くなりました。

Q. どうして運動は試験からなくなったの？

Q19. どうして運動などの試験がなくなったのですか？

　それは受験者数の急増のためです。

　あの「ハンカチ王子」効果で、2007年度（06年11月）の応募者は、前年の1294人から1460人に166人（12.8％）増加しました。早稲田の先生方にとっては、うれしい悲鳴だったことでしょう。

　「何人受験するのか」を学校側が知るのは試験1ヶ月前の10月はじめです。その時にはすでに受験日程（11月1日～5日という5日間で実施すること）を発表していましたから、従前どおりの試験内容で実施して、試験期間を伸ばすことはできませんでした。結果として、一人あたりの試験時間を短くして（つまり、試験の問題数を減らして）圧縮して実施するほかありませんでした。

　そこで、「例年の6題から何を削ろうか」ということになったときに（おそらく「多変量解析」という手法で、問題どうしで重複する内容を削るには、どれを削ればよいかを、分析したのだと思いますが、わかりやすく言えば）、

① 運動は不要だろう。なぜなら、運動の試験の趣旨は、先生のお話をしっかりと聞けるかという指示行動だから、他の問題で、十分「お話がきけるか否か」をチェックできるからだ。

Q．運動なしの試験は継続する？

②「沈黙」（先生が「やめ」と言うまで、お話ししないでじっとしているという試験）なども不要だろう。なぜなら、他の試験の待ち時間などを見ていれば様子がわかるから。）
ということになり、現在の４題になったのだと思います。

　よく「お受験」を知らない人は、運動（野球）選手の「ハンカチ王子」のせいで、「運動」の試験がなくなったのは皮肉だと思われるかもしれませんが、（繰り返しになりますが）お受験の「運動」はスポーツとは違い、指示行動（先生のお話を聞けるか否か）です。言葉だけで捉えてはいけません。だから、お受験の必要な対策をしていないのに「体操教室」に通わせるような、不可思議な現象が起こってしまうのです。

Q20．2007年度は試験日程を発表した後だから、急増した受験者をさばくために試験内容を圧縮して４題にしたという推測はわかりました。しかし、2008年度は試験日程を幼稚舎のようにもっと長くできたのに、どうして（前の６題に戻さずに）４題のままで変えなかったのですか？

　それは、2007年４月に入学した新１年生が、上級生が１年生だったときに比べても見劣りしなかったからでしょう。つまり、「圧

Q. 早稲田の試験の日程は？

縮した4科目試験で十分に良い子供がとれるのだから、それで何の支障があるのか？（支障はない。反語）」ということです。

また、試験日程は短いほうが学校運営の点ではよいのです。というのは、入学試験のときは学校は休みになりますので、試験日程が長くなると授業できる日が短くなることになるので、授業をこなすのが大変になるわけです。

その2つの理由から、4題の試験を変更せずに継続したということでしょう。

Q21. 試験はいつですか？

お子様が受験なさる年の日程は、ご自身でご確認いただくようにお願いいたします。

まずは昨年（2008年度（2007年11月実施））の試験の大枠について説明します。

1次試験	07年11月1日（木）～11月5日（月）
1次結果発表	11月7日（水）　10時～11時掲示
2次試験	11月8日（木）～10日（土）
2次結果発表	11月12日（月）　10時～11時掲示

次に、1次試験の日程の詳細について説明しましょう。

Q. 早稲田の試験の日程は？

　例年、1次試験は11月1日から5日までです。

　今のところ、男子と女子の開始順は毎年交互です。2008年度（2007年11月実施分）は女子からでした。

　また、2007年度（2006年11月実施分）までは月齢が大きい順（4月生まれ）から始まっていましたが、2008年度は、女子は月齢が大きい順に、続く男子は月齢が小さい順からはじまったようです。

　2008年度（2007年11月実施分）では、目安としては、以下のような状況だったようです。

日付	受験者（目安）
07年11月1日（木）	女子　4月生～9月生
11月2日（金）	女子　10月生～3月生 ★14時受付の回から男子開始。 男子　3月生
11月3日（土）	男子　2月生～10月生
11月4日（日）	男子　9月生～5月（下旬）生
11月5日（月）	男子　5月（中旬）生～4月生

※厳密に言えば、月齢が一番小さなお子様は「4月1日生まれ」ですが、ここでは単に「3月生まれ」としています。

Q． 女子は大きい順なのに男子は小さい順？

Q22．2008年度に限って、女子は月齢が大きい順で、男子は小さい順という変則的な順序で試験をしたのはどうしてですか？

　よくわかりません。そういう学校は（おそらく）他に例がなく、大変珍しい例です。ただ、いくつかの理由は推測できます。

　まず、月齢の小さな子から試験をするというのは合理的です。特に男の子は、です。

　アンテナ・プレスクールでも模擬試験をやりますので、学校の先生方の気持ちはある程度わかります。この時期の子供の月齢の差は大きいので、特に男の子は月齢が大きい子から試験をすると、月齢の小さな子は非常に幼く見えます。ですので、月齢が小さな子から見るというのは子供たちに対する評価を適正に行なうという点では効果があると思います。バレーボールの国際大会で、女子から始めるのと同じです（すごい迫力の男子をみてからだと、女子のバレーが遅く感じると思います）。

　また、男子と女子の違いも、この年齢の子供たちでは顕著です。女の子は「おねえさん」で、男の子は「ダメ男」君です。1学年違うというくらいの印象です（「年中の女の子」と「年長の男の子」でいい勝負）。

Q. 女子は大きい順なのに男子は小さい順？

　ですから、例年の「試験の男女の順番が一年交代」というルールを継続しようとし、上記の「男子は小さい順に」「男女差がある」という２つのことを前提にすると

・女子は月齢の大きい順に行う。そうすることで、２日目の試験が女子の月齢の小さい子の後に男子（小さい順）をすることができる。

というのがソリューションだったのではないかと推察します。

　もし2009年度（2008年11月）でも、スタートの男女一年交代ルールが継続されるとしたら、2009年度は男子が先です。だとすれば、おそらく、男子の月齢の小さい順に11月１日からはじめ、４日の午前中から女子開始（おそらく女子も月齢の小さい順）ということになるのでしょう。

　しかし、試験日程は、願書を提出してお葉書で試験日程のお知らせを受け取るまで、いつになるかわかりません。学校が、事前に通知することなく、試験の日程のルールを変更することもあるからです。

　また、月齢が小さい順からの試験というのも、上記のような一定の合理性はありますが、逆に変える学校もあります。たとえば、立教小学校は数年前に、以前の月齢小さい順から月齢大きい順に変えました。試験の日程ルールは、さまざまな事情が影響するので、

Q．1次試験と2次試験の合格者数は？

「出たこと勝負」の色彩が強い事項です。

Q23．全体の応募者数と入学者数については、Q1以下で教えて頂きましたが、1次試験と2次試験の合格者数についてどうなっていますか？

2008年度（2007年11月実施分）については以下の通りです。

	男子	女子	合計
応募者数	903	573	1476
受験者数	796	429	1225
1次合格者数	121	61	182
2次合格者数	68	40	108
追加合格者数	1	3	4
入学予定者数	68	40	108

2次試験は約1.7倍なので、難関は約8.1倍の1次試験です。

Q24．試験は朝早くからあるのですか？

人によります。2008年度の1次試験は、ショーアップ（出頭）が早い人は8時からで、遅い人は14時からでした。

Q. 試験は朝早くからあるの？

　一例として、2007年11月1日（木）の受験者の集合時間と試験予定時間の一覧表をお知らせします。

受験番号	受付・集合時間	試験時間（予定）
1〜60	8：00〜8：30	9時〜10時
61〜120	9：00〜9：30	10時〜11時
121〜180	10：00〜10：30	11時〜12時
181〜240	12：00〜12：30	13時〜14時
241〜300	13：00〜13：30	14時〜15時
301〜360	14：00〜14：30	15時〜16時

　つまり、朝一番早い人は、8時から8時半の間に集合ですし、一番遅い人は14時から14時半に集合です。

　次に2次試験ですが、2次試験初日だった07年11月8日（木）の受付・集合時間は以下の通りでした。

面接整理番号	受付・集合時刻
1〜6	8：45
7〜12	9：20
13〜18	9：55
19〜24	10：30
25〜30	11：05

Q. 1次試験の流れは？

31〜36	12：45
37〜42	13：20
43〜48	13：55
49〜54	14：30
55〜62	15：05

　2次試験では、受験番号とは別に、1次合格時に受け取る封筒の中に入っている「面接整理番号」という番号で指定されました。

Q25．1次試験の流れについて教えてください。

　2008年度（2007年11月実施分）を例にして説明しましょう。
（1）学校正門および初等部玄関で受験票と受付票を提示し、受付の後、上履きに履き替えて、所定の控室に入室。
（2）控室にて。

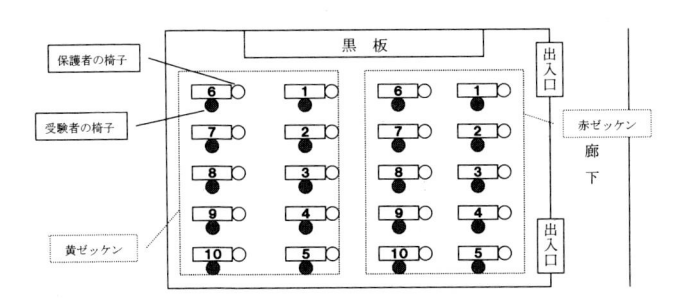

Q. 1次試験の流れは？

① 教室の黒板に座席表（5名×4列）があるので、そこで指定された席に座る。

② 机の上に「ゼッケン」と吊下げ式の「名札ケース」が置いてあるので、（受験票と一緒に送られてくる「1次試験実施要項」の指示の通り）ゼッケンをつけ（保護者の手伝いOK）、受験票を名札ケースに入れ、子供の首から下げる。

※このときに、「名札ケースの紐が長いので、短くしてつけた」という保護者（合格）がいました。

③ 試験が始まる（引率者に呼ばれる）まで、控室で待つ。待ち時間は持参の折り紙や絵本をみて静かに過ごす人が多い。

（3）引率。

試験開始の20分～15分前に引率担当者が控室に来る。着席したまま、名前と受験番号・受験票を引率担当者（教育学部の大学生らしい）が確認し、5人1グループで考査室に移動する。お休みが多いグループの場合は、他のグループと一緒になる場合もある。引率担当者からは「ここからはシーッだよ」と言われたグループもあった。

（4）考査は4つの会場を移動して行なわれた。会場ごとに試験（考査）が決まっている。そこでは試験を行なう先生（引率担当者とは別の先生）が待っている。終わったら、また同じ引

Q. 持ち物や服装は？

率担当者が他の会場に引率し、最後は控室に戻る。

※グループによって、4つの会場を回る順序が異なる。また、次の会場に移動する際の時間調整のための待機教室もあった。

Q26. 持ち物・服装の指定はどうですか？ 他に注意事項は？

2008年度の「1次試験実施要項」によると、持ち物・服装は、
・受験者
　〈持ち物〉受験票、運動靴（上履き）、下履き入れ
　〈服装〉運動のできる服装
　　　　※着替える場合は、控室あるいは手洗いで着替える。
・保護者（1名のみ）
　〈持ち物〉受付票（受験票といっしょに送られてくる。受験票にくっついている。）、1次試験実施要項、上履き、下履き入れ、水筒（随意）。筆記用具は不要。
　〈注意事項〉携帯電話はスイッチオフ。禁煙。ビデオ写真撮影・録音禁止。校舎内の移動は静かに。
でした。

Q. 実際にはどんな服を着るの？

Q27. 実際には、どのような服装を着ていくのですか？

　男の子は、どの学校でも（慶応幼稚舎を除き）ユニフォームみたいなワンパターンで、紺の短パン（伸縮性のあるものがよい）、白いシャツ、紺のベスト、白い靴下、です。グレーの人もいます。男の子は服装に凝る必要はまったくありません。

　女の子は早稲田実業の受験者では、（女子校とは異なり）白いブラウス、紺のキュロットの数が圧倒的に多いようですが、合格するようなご家庭はもう少し服装に凝っているようです。

　最近は運動は出題されていないので、自由遊びで動く程度に動きやすければよいので、ワンピースなどがよいでしょう。

　キュロットは、ブラウスの裾が出てしまうことがあるので、自分で直せるのであればいいのですが、直せないと「だらしない」印象になってしまいます。注意が必要です。

　男の子のシャツは半袖か長袖か、という質問を受けることがあります。その前に注意点。受験日がせまってくると、売り切れる場合がありますので、早めに購入しておくことをお勧めします。半袖と長袖の両方を購入しておき、その日の体調と子供の意見で決めてよいでしょう。子供はあつがりなので、半袖が基本でしょう。寒い日でも、学校に行くまでは上にはオーバーを着ているだろうから、下

Q. ゼッケンはビブス？

が半袖でも大丈夫です。また、試験会場の教室は、寒い日は暖房が入っているので半袖でも寒くありません。

　また、長袖のシャツの場合は、袖口がゴムのものをお勧めします。というのは、ボタンだと実際に子供が袖をまくれないからです。お絵描きで袖を上げずに描いていると袖口が汚れて、不潔な印象になります。ゴムの袖口なら、簡単にまくれます。

　早稲田ではハンカチは必須です（手洗いの試験が出たことがあるので）。ですので、ハンカチを入れやすいポケットがついている服（男の子の場合は、短パン）を選ぶことも大切です。女の子の服では、ポケットがついていない場合もあるので、そういうときは、安全ピンで取り付けられるポケット（東急本店などで売っている）をつけておくとよいでしょう。

　そういう細かい配慮ができる保護者のお子様が合格しています。

Q28. ゼッケンは、幼稚舎のようなビブス（サッカー用）ですか？

　違います。紐を結ぶタイプのゼッケンです。教室の右側と左側とでゼッケンの色が異なり（赤と黄色がある）、それぞれ1番から10番までの番号が振られています。

　例年は、保護者がゼッケンをつけることを手伝っても構わないこ

Q. 試験の間、保護者はどうしてるの？

とになっています。

Q29. 試験の間、保護者はどうしているのですか？

試験時間が約60分ですが、その間は、保護者は控室から外出できません。トイレだけが例外です。外出が自由な幼稚舎とは異なりますので注意が必要です。

Q30. 試験の内容は、原則として試験日によって違うということですが、別の試験日で同じ問題が出ることはあるのでしょうか。

2008年度（2007年11月実施）の第一会場（生活の試験）では、以下のように、同じ問題が別の日でも出題されていました。

試験内容	出題日
絵本作り（紐通し）	女子1日目、男子3日目
リュックに物を入れる	女子2日目、男子1日目
ちぎり絵	男子2日目、男子4日目

連続する次の日に同じ内容が出題されることはないようですが、上記のとおりに3種類の出題を使いまわししていました。その前年

Q. 違う日で同じ問題は出ないの？

2007年度（2006年11月実施）でも同様です。

試験内容	出題日
服たたみ	男子1日目、女子3日目
封筒作り	男子2日目、女子1日目
お箸	男子3日目、女子2日目

　ただ、この本で指摘をすると、受験日直前に「前の日までに出題されたことをやっておこう」という受験者が増え、（アンテナのような）情報があるお教室に通っている人が有利になってしまいます。学校の先生方もこの本は読むので、おそらく、上記のように2回ずつ使いまわしすることは、今後はなくなると想像します（「慶應幼稚舎入試解剖学」でもそうでしたが、本で指摘されて、試験の内容をマイナーチェンジする場合があります）。

第３章　早稲田実業初等部の入試の実際〜②各論

Q. 早稲田の１次試験の具体的内容は？

Q31. 早稲田の１次試験では、具体的にはどのような課題が出題されるのですか？

2008年度の男子２日目（07年11月３日）を例にして説明しましょう。男子２日目では、課題は以下の題でした。

　　　　第一会場　　生活分野：ちぎり絵
　　　　第二会場　　自由遊び（自己紹介→自由遊び）
　　　　第三会場　　ペーパー（２題）
　　　　第四会場　　単純課題絵画

試験は５人が１グループとなって行ないます。欠席者が多いグループは前後のグループと「合併」して５人前後のグループになり、試験が行なわれます。
それぞれの会場で行なわれる課題は決まっており、受験者が会場を移動して試験を受ける形式でした。

Q32. 生活分野の「ちぎり絵」というのはどういう課題でしたか？

まずは第一会場に入ると、「上履きを脱いで絨毯にあがり、自分

Q.「ちぎり絵」というのは、どういう試験？

のゼッケンと同じ番号の椅子に座ってください」と指示されます。靴の脱ぎ方もチェックされています。脱ぎ散らかすのは論外だとしても、脱いだ靴をそろえて、向きを反対に直すところまで、きちんとできるといいですね。普段の生活が垣間見ることができます。

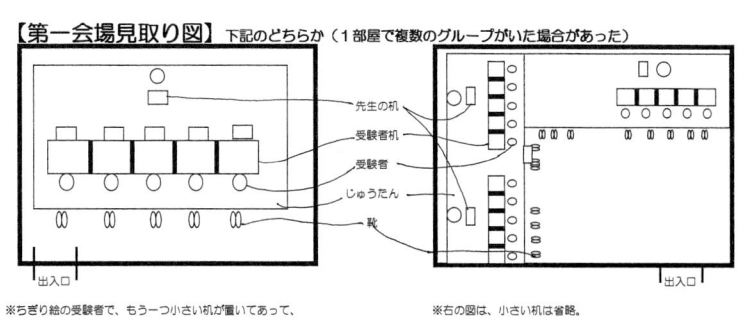

【第一会場見取り図】下記のどちらか（1部屋で複数のグループがいた場合があった）

※ちぎり絵の受験者で、もう一つ小さい机が置いてあって、そこに道具の入った箱が置いてあったという人もいました。

※右の図は、小さい机は省略。

　机の奥にもう一つ小さな台があり、そこにトレー（箱）が載っています。トレーには、長方形・正方形・丸がそれぞれ描かれている色紙、カップのり、お手拭きが入っています。
　子供たちが座ったところで、先生から以下のような出題がありました。
〈出題〉
「箱の中の色紙を線に沿って手でちぎりましょう。（見本をみせな

Q.「ちぎり絵」というのは、どういう試験？

がら。ただし、糊付けはしなかった。）ちぎったら長四角はこのように煙突に、丸と真四角はこのように貼りましょう。終わったら、箱の元のところに道具を片付けましょう」
という問題です。

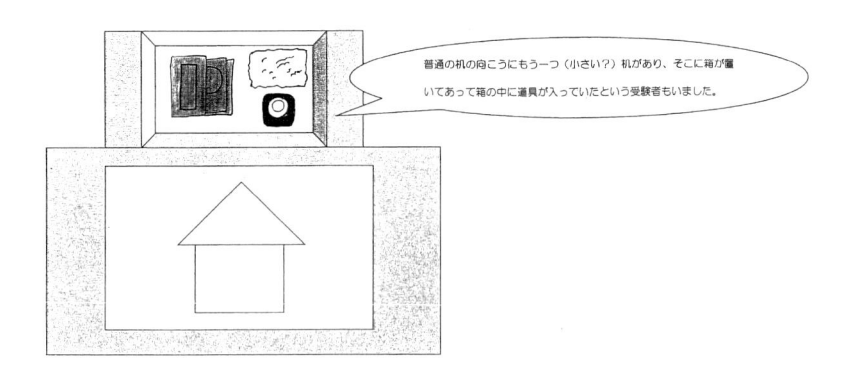

普通の机の向こうにもう一つ（小さい？）机があり、そこに箱が置いてあって箱の中に道具が入っていたという受験者もいました。

Q.「自由遊び」というのは、どういう試験？

その後、「これで、このお部屋はおしまいです。上履きを履いて、お姉さん（お兄さん）についていってください」と言われ、次の部屋に移動します。

Q33. 集団テストの「自由遊び」はどういう課題でしたか？

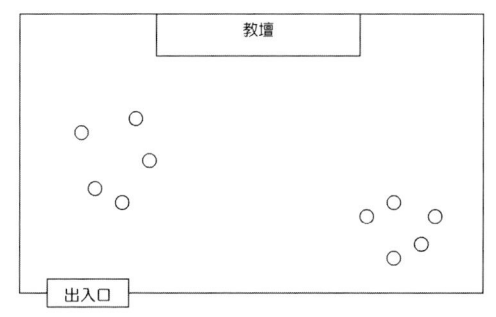

※2つのグループ（1グループ5人）の試験が同時に同じ部屋で行なわれる場合と、1つのグループだけしか部屋にはいない場合とがあったようです（上図は2グループ同時の場合）

第二会場に入ると、まず、ボールを使って自己紹介をやりました。「先生がボールを誰かに投げます。ボールをキャッチしたお友達は自分のお名前を言ってください。お名前を言ったら、先生にボールを投げて返しましょう。」と言われました。

いっしょに遊ぶにはお友達の名前がわからないと遊べませんから、ここでお友達の名前を覚えられるとよいでしょう。

Q.「自由遊び」のポイントは？

　その後、「これからみんなで相談して、好きな遊びで遊んでください」と先生から出題されます。

　出題にする先生によっては、表現の仕方が少しずつ違うようでした。たとえば、
・「みんなで相談して遊んでください」
・「相談して好きな遊びをしましょう」
・「今からみんなで好きな遊びを決めて遊びましょう」
などがあったようです。先生も遊びに参加します。

　このときに、「だるまさん転んだ」や「こおり鬼」を遊ぼうとすると、先生から「それは他のグループでも何度もやったから、他ので遊ぼう」「それは最初のグループでやったからダメ〜」と言われ、他の遊びを考えなければいけないグループが多かったようです。

Q34.「自由遊び」のポイントはどこですか？

　アンテナ・プレスクールではこの課題を「自由遊び」と呼んでいて、その呼び方は業界のスタンダードになっています。
　この課題は早稲田実業で継続的に出題されている問題で、大人が思っている以上に難しい良問です。
　ただ楽しく遊ぶだけではいけません。問題文の指示は「みんなで

Q.「自由遊び」のポイントは？

相談して」ということなので、相談をしないといけません。

「相談」というのは、自分の考えを主張するだけでなく、他の人の意見を求めなければいけません。つまり、この課題では、相談ののプロセスをした受験者でないと得点が入らないことになります。

私が見るところ、合格者のパターンは２通りあります。

ひとつは自分で最初に遊びを提案し、他の子供たちの意見を聞いて、どんどん遊びをすすめるタイプ（典型的なリーダーシップ発揮型）です。

実際の試験のグループのお友達がお教室に通っている（準備している）子供たちだけであれば、誰かが「○○をして遊びたいのだけど」と提案すると、子供たちはすぐに「いいよ！」と言って、遊びが始まります。ただ、実際には、早稲田のように「記念受験者」が多い学校だと「嫌だ。そんな遊びしたくない！」という子供もいて、そういう子供の意見を聞き、話をまとめていく能力が問われるわけです。この典型的なリーダーシップ発揮型の子供は、（私はまったくやりませんが）競馬で言えば、「先行逃切り」です。最初に提案をしないといけないので、最初に手をあげて「僕は○○をして遊びたいです」といえないといけません。つまり、手を早く挙げる練習からする必要があります。

もうひとつの合格者のパターンは仲裁型です。ある子供が「Ａと

Q.「自由遊び」のポイントは？

いう遊びで遊びたい」、別な子供が「Bという遊びで遊びたい」というときに、その２人（あるいは２グループ）の意見を聞いて、上手に仲裁し、遊びの決定プロセスをまとめていくタイプの子供です。

このタイプであれば、最初に手を挙げなくてもいいのですが、逆に言えば、「先行逃切り」タイプの子供が遊びをそのまま決めちゃうと出番がないので、そういう場合にはどうするかの対策もしておく必要があります。

実は、アンテナ・プレスクールからは早稲田実業に多数の合格者が高い合格率で出ているのですが、他のお教室からはそうでもない最大の理由は、この「自由遊び」の指導です。

この本は同業他社の先生方がよくご覧になることが想定され、「敵に塩を送る」ことになるので、ここでは具体的に詳しく指導のノウハウは書けません。お知りになりたい場合は、アンテナの体験レッスンなどでご来訪のときに校長の石井に直接お聞き下さい。

アンテナ・プレスクールは「紹介制」ですので、①「ご紹介」があればいつでもご入会頂けますし、ご紹介者のアテがなくても、②「働くお母さんのお受験を応援」していますので、働くお母さんの場合は（お受験観が似ていることを確認した上で）紹介なしでもご入会頂けます。また、③働いていないお母さんの場合でも、アンテナ生（入会者）の申し込みが一通り終わった後のタイミング（たと

Q.「自由遊び」が合否を分けるの？

えば毎年４月中旬以降など）では、空いているコースについてのみ限定的に、ご紹介なしでも入会・申込をしていただけます。ご興味があれば、メール（antenna@ibcg.co.jp）やお電話（03-5775-1385）でお問合せ下さい。

　話を元に戻しましょう。

「うちの子供は、合格者の２つパターンのどちらでもないわ！」と思うお母様は多数いらっしゃると思いますが、お受験６ヶ月前（春）の時点で、「自分の意見を述べられ、お友達の意見を聞いて、話をまとめて、遊べる子供」というのは、まず、いません。「うちの子には無理よ、そんなこと」などと思わずに、時間をかけて、繰り返し練習すればよいのです。

Q35.「自由遊び」が合否をわける、というのは、どういうことですか？

　それは受験者の得点分布に特徴があるためだと考えています。
　ご案内の通り、１次試験の４題のテストで、「自由遊び」以外の３題（ペーパー、絵画、生活）ではどういう得点分布になるかということを考えて見ましょう。
　おそらく、得点分布は次のグラフのようになると思われます。

Q.「自由遊び」が合否を分けるの？

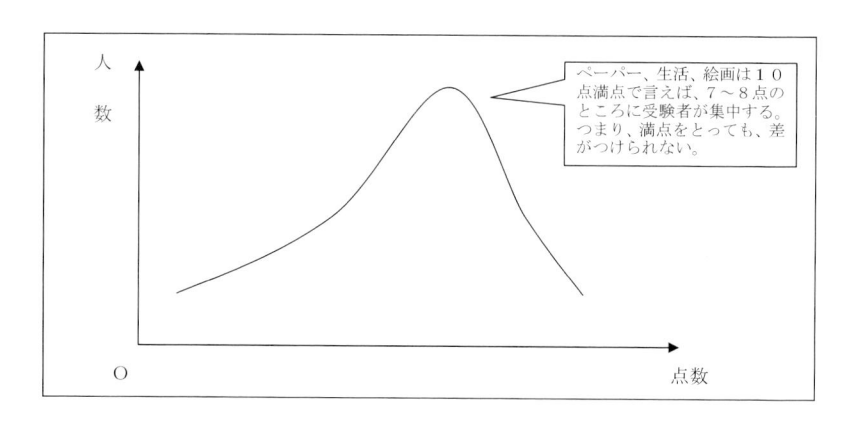

人数

ペーパー、生活、絵画は10点満点で言えば、7～8点のところに受験者が集中する。つまり、満点をとっても、差がつけられない。

O　　　　　　　　　　点数

という感じです。

　理由は以下のとおりです。

「自由遊び」以外の3題の問題の具体的内容をご覧いただければわかるとおり、いわゆる難問というのはありません。全然できないという子供は少なく、多くの子供は（10点満点の試験だとしたら）7～8点のところに集中するのではないかと思います。だとしたら、仮に満点をとったにしても、他の多くの受験者には2～3点の差しか、つけることができないわけです。

　一方で、「自由遊び」の得点分布はどうでしょう。

　おそらく、次のグラフのような感じだと思います。つまり、話をまとめる子供はグループに一人でしょうから、それ以外の楽しく遊ぶだけの子供は「相談して」というプロセスをしていないことにな

Q.「自由遊び」が合否を分けるの？

るので、高い点数は望めません。リーダーシップを発揮した子供が「一人勝ち」状態で高得点、という感じになるのではないでしょうか。

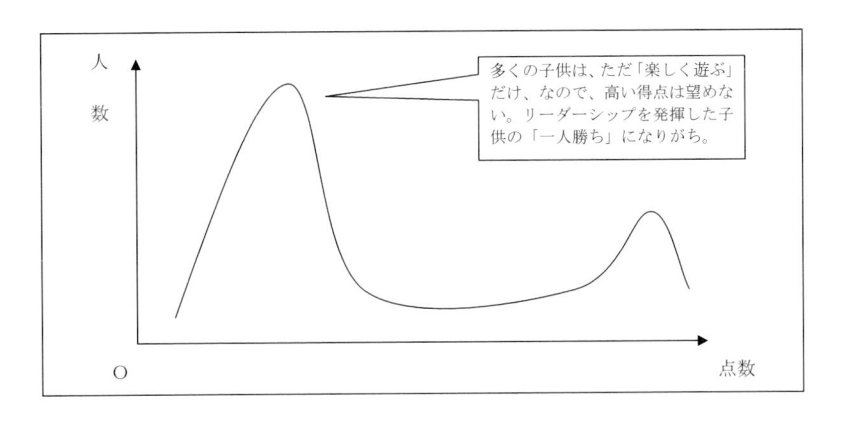

人数／点数

多くの子供は、ただ「楽しく遊ぶ」だけ、なので、高い得点は望めない。リーダーシップを発揮した子供の「一人勝ち」になりがち。

「自由遊び」でリーダーシップを発揮し「一人勝ち」した子供が、他の3つの課題で平均点程度をとっていれば、合計点数が他の子供よりも多くなってしまいます。

たとえば、次のような例をみてみましょう。

B君は非常に優秀で「自由遊び」以外は9割とれましたが、「自由遊び」は、ただ楽しく遊んでいて「相談」のプロレスに積極的参加しなかったので点数が低くなっています。一方、A君は「リーダーシップ」を発揮して「自由遊び」では9点をとりましたが、他の問題は平均点程度だった、という場合です。

Q.「自由遊び」が合否を分けるの？

課題	A君	B君
生活	7点	9点
自由遊び	9点	2点
ペーパー	7点	9点
絵画	7点	9点
合計	30点	29点

　合計点では「自由遊び」で「一人勝ち」したA君の方が、優秀なB君よりも点数が高くなってしまいます。

　このA君のパターンがアンテナ・プレスクールから早稲田に合格している子供の典型です。

　つまり、そのようなお子様は、多くの場合、ペーパーは得意ではありません。難しい問題はさっぱりわからないでしょう。合格者の保護者の話を聞くと、一生懸命、ペーパーの勉強をやっている人が憤慨するくらいにちょっとしか勉強していません。極端な例では、受験直前まで1日5枚（つまり、10分〜20分程度の勉強）だけしか勉強していなくても合格しているのです。早稲田のペーパーがやさしいということも影響していますが、暁星のような本格的なペーパー校の問題では、おそらく2〜3割しか解けない（もしかしたら0点かも）子供でも、合格するわけです。

　早稲田実業は大学までの一貫校ですから、勉強が得意な子供に入

Q.「自由遊び」が「良問」である理由は？

学してほしいわけではありません。勉強ができるかどうかよりも、早稲田の先生方のように、人柄に優れ、人間の幅があり、将来の早稲田を背負って立つような人材を育成したいわけです。ですから、ペーパーができる子供ではなく、人柄の良いリーダーシップを身につけている子供に入学してほしいと考えるのが自然でしょう。

　試験の結果については、おそらく科目別の偏差値補正をしていないでしょうが、偏差値補正をすれば、先ほどのＡ君は、さらに得点が伸びます。というのは、「自由遊び」の得点分布は平均点が低く、分散が小さい分布ですから、Ａ君の偏差値は非常に高い偏差値になることが想像されます。

Q36.「自由遊び」は、なぜ、良問なのですか？

　私（アンテナ・プレスクール校長の石井）は、国内の学校のみならず海外の学校も色々見学しています。

　世界のセレブの子供が通う、スイスのボーディングスクールのル・ロゼにも行きました。余談になりますが、日本人でロゼに通う子供は主に２通りです。ひとつは、国際人の両親に育てられている凛々しい子供の場合（少数派）。もうひとつは、日本でイジメにあって転校せざるをえないが、親の「見栄」で国内で転校ができずに

Q.「自由遊び」が「良問」である理由は？

ル・ロゼにきたパターン（子供がいじけている）です。

　ハーバード大学にも、5年くらい前ですが、見学に行ったことがあります。マネジメント（教授ではない、学校の理事）の知り合いを訪ねて行きましたところ、学生にキャンパス案内をしてもらった後に、お昼をご馳走になりました。ちょうどその時の大統領がハーバード出身のブッシュ大統領で、スピーチの英語の文法や語彙の間違いがジョークの対象になっていた時期だったので、その理事に「あのお馬鹿な大統領がハーバード出身というのは恥ずかしくないか？」と訊いてみました。すると、その理事は「石井さん、頭がいいこととリーダーシップとは違う。確かに、ブッシュは頭が悪いかもしれない。でも、方向が正しいかどうかは別にして、『人々を導いている』。ハーバードは世界のリーダーを輩出する学校だから、それでいい」と答えました。

　私は、はっとしました。「頭がいいことと、リーダーシップとは違う」という根本的なことに気がつかされたからです。

　日本では、（今は違うようですが）東大法学部出身で国家公務員Ⅰ種の試験で高得点をとった人が官庁にキャリア官僚で入ります。中には人格にも優れ、リーダーシップのある官僚もいますが、多くは「頭がいい」だけで「リーダーシップがない」人が、日本の国の舵取りを事実上しています。だからこそ、年金問題やら、天下り問

Q.「自由遊び」が「良問」である理由は？

題やら、ろくでもない問題を引き起こしてしまうわけです（みのもんだ風になっていて、すみません）。

　はっとした私は、そのハーバードの理事に尋ねました。「ハーバードでは、どのようにしてリーダーシップを持つ人材を育成しているのか？」と。その答えはこうです。「ハーバードにたくさん合格者を出すプレップ・スクール（一流進学高校）がいくつもある。そういうところから、リーダーシップのある人材を入学させている」というのです。

　つまり、ハーバードは、元々リーダーシップがある高校生を入学させているだけで、ハーバードでリーダーシップを身につけさせるノウハウが特にないということなのです。

　そこで早速、「そのプレップスクールというのは具体的には何と言う学校ですか？」と聞くと、「有名なところでは、フィリップス・アカデミーとかセント・ポールかな」というので、「明日見学に行きたいから、アポを入れて下さい」と頼み、明日、見に行きました。

　セント・ポール（成蹊高校と交換留学をしている）は突然のアポだったせいもあり、あまり話せませんでした（また、会った先生は（成蹊と交換留学しているにもかかわらず、あるいは、しているからこそ）「日本人には興味ない」という雰囲気で、少なくとも、「ハーバードの理事に言われたから会ってはいるけど」という渋々の面

Q.「自由遊び」が「良問」である理由は？

会で、歓迎色は皆無でした）が、フィリップス・アカデミーは丁寧に応対してくれ、学生がキャンパスの案内もしてくれました。案内してくれた学生は、確かに学級委員タイプでハキハキしていて気配りができる、好印象の青年でした。そこで、フィリップス・アカデミーのマネジメントの人に、「御校の学生にはリーダーシップを感じるが、どのようにしてリーダーシップを育成しているのか？」と聞いたところ、「フィリップス・アカデミーは全米のさまざまな中学校から、リーダーシップがあり優秀な子供を集めている」という回答でした。つまり、フィリップス・アカデミーにもリーダーシップ育成のノウハウはないのです。

　逆に言うと、リーダーシップのある子供たちを集めるというのが、リーダーを輩出する学校のノウハウなのです。

　早稲田実業は、「未来の早稲田を背負って立つ人材育成」という目標を持っていますので、ハーバードやフィリップス・アカデミーと同じような手法で、リーダー輩出校になることを目論んでいるのではないでしょうか。

　言い換えると、早稲田実業は、他の学校の入学試験では見られない独自の試験で、リーダーシップの萌芽とも言える貴重な能力を持つ子供を集める試験を採用している素晴らしい学校なのです。

　余談があります。

Q.「自由遊び」が「良問」である理由は？

　「ネズミの嫁入り」ではありませんが、実は、リーダーシップを「育成」している学校が身近なところにあります。東京女学館小学校です。ハーバードのような伝統的なリーダーシップではなく、インクルッシブ・リーダーシップという概念のリーダーシップです。詳しくは別の機会に説明します。また、我田引水になりますが、アンテナ・プレスクールのグループレッスンには、お友達と遊ぶときにリーダーシップをとれるような子供にするノウハウがあります。最低でも週１度のレッスンで、半年以上の時間がかかりますし、全員が身につけられるわけではありません（おおざっぱに言えば、レッスンを受けた３分の２程度の子供が、リーダーシップを身につけられます）。これは私自身も、当スクールの講師の指導をみていて、発見したことなのですが、一言で言うと、リーダーシップを身につけている人から、その具体的なやり方をケーススタディで学ぶということを通じて、身につけることができるようです。職人芸のような一子相伝的な色彩が強く、優秀な（特殊な能力がある）スタッフに恵まれている当スクールならではの指導ということになるのでしょう。

Q.「ペーパー」はどういう問題？

Q37.　第三会場の「ペーパー」はどのような問題が出題されるのですか？

　早稲田のペーパーは問題数が少なく、出題されている問題は比較的易しい問題ばかりです。

　そういう易しい問題を出題する学校は、実は、試験の役割についてよく考えているケースが少なくありませんが、早稲田は、まさにそのケースです。

　つまり、知能の発育が遅れていると困るけど、ペーパーをたくさんやらされた萎縮した子供は欲しくないということです。分野で言えば、「お話の記憶」の問題が頻出で「先生の話をよく聞けるか」ということを重視しています。

　また、業界初の赤青鉛筆（1本の鉛筆で、赤の反対側が青になっている鉛筆）を試験で採用した学校です。新しいタイプの問題を出すというのは、「勉強をたくさんした子」ではなく、「地頭の良い子」を探し出す最良の方法です。それも簡単な問題で十分なのです。

　頭が良くなくても、類題を練習することで点数が取れるようになります。しかし、はじめての問題は「地頭」の良い子しか解けません。早稲田は、大人が見ると決して難しくはないが、「勉強をたくさんしてきた」というだけでは解けない、やさしい良問を出題しま

Q.「ペーパー」はどういう問題？

す。ちなみに、業界的に、新作問題を積極的に出題するのは、暁星と筑波です。

Q38.「ペーパー」の具体的な出題例を教えてください。

2008年度の男子2日目のペーパーは、「お話の記憶」が一題と、「点図形」が一題でした。「お話の記憶」の問題は次のようなお話を聞いて、2つの質問に答えるという内容でした。以下、概要です。

　こうじ君の家族はお父さん、お母さん、こうじ君、妹のかおりちゃんの4人家族です。今日は4人でピクニックに行くことにしました。お母さんが作ってくれたお弁当には、おにぎり・海老フライ・卵焼きが入っていて、こうじ君の大好きなミートボールも入っていました。こうじ君は公園で遊ぶために凧揚げの道具を持っていきました。車に乗って、しばらくすると湖が見えてきました。その湖の向こうに公園があって、そこでお弁当を食べる予定です。ついたらすぐにお父さんに凧揚げのやり方を教えてもらいました。凧は思い切り走ったら上手にあがりました。いっぱい汗をかいて、お腹がすいたので、こうじ君は「今日はお弁当がとってもおいしいな」と思いました。
　では問題です。
　こうじ君が大好きな食べ物は何ですか？　ネコのお部屋から選んで、赤い丸をつけましょう。

Q.「ペーパー」の出題例は？

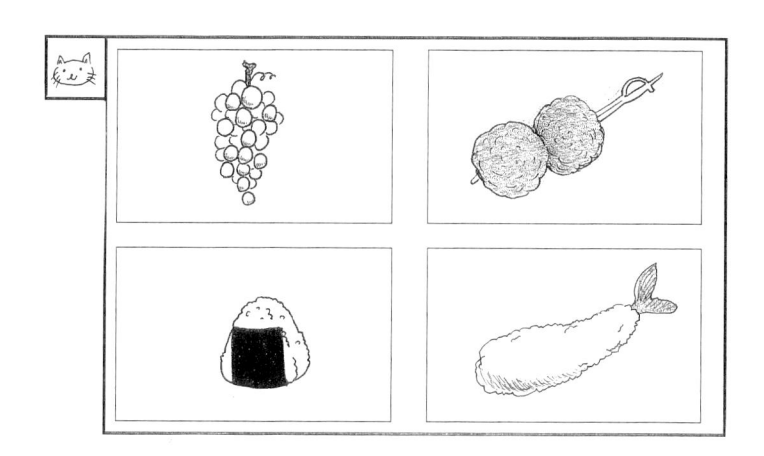

次の問題です。こうじ君は公園を何をして遊びましたか？ うさぎの部屋から選んで、青い丸をつけましょう。

Q.「ペーパー」の出題例は？

点図形の問題は、以下のような問題でした。

<問題文>
上の部屋はお手本です。下の部屋にもお手本と同じ形を描きます。○から出発して、同じ形を描きましょう。

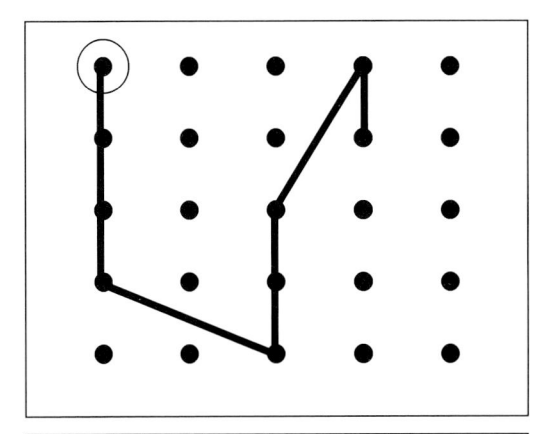

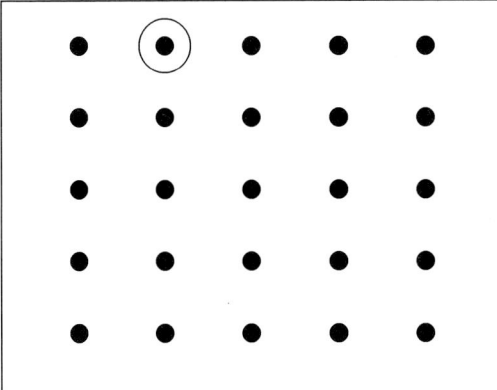

Q.「絵画」は、どういう出題？

Q39. 第四会場の「単純課題絵画」の具体的な出題例を教えてください。

以下のような問題でした。

・最初に先生が2枚のカード（ジャングルジムの絵とイチョウの絵）を見せてくれる。

・そして、「ジャングルジムで遊んだことはありますか？ イチョウの葉っぱを見たことがありますか？」と問いかける。特に指名したりせずに、全員に向かって。子供たちは皆、「ある～！」と気軽に答えていた様子。

・「ジャングルジムか、イチョウの葉っぱを使って遊んでいる絵を描きましょう」という出題。

解答時間は10分程度です。

解答例をご参考までに載せておきますが、10分程度ですから、この程度の絵になるでしょう。

ポイントは、「大きく描く」ことです。また、出題意図に沿った絵である必要があります。今回は「遊んでいる絵」ですから、楽しそうに遊んでいる様子がわかるように描いてある必要があります。

Q. 2次の「面接」の流れは？

Q40. 2次試験は「親子面接」ということですが、流れを教えてください。

　2008年度（2007年11月実施）の場合は、11月1日から5日までが1次試験で、その発表が中1日あいた11月7日に行なわれ、面接は翌8日から10日でした。

　11月7日午前10時〜11時に掲示された一次試験の合否の結果を見て、合格していた人は、奥の校舎に進み封筒を受け取ります。その中に面接整理番号という番号のお知らせがあり、その面接整理番号の順に面接を行ないます。

　面接室は2部屋あり、面接整理番号が偶数か奇数かで部屋が違い

Q. 2次の「面接」の流れは？

ます。以下はある奇数番号のお子様のケースです。

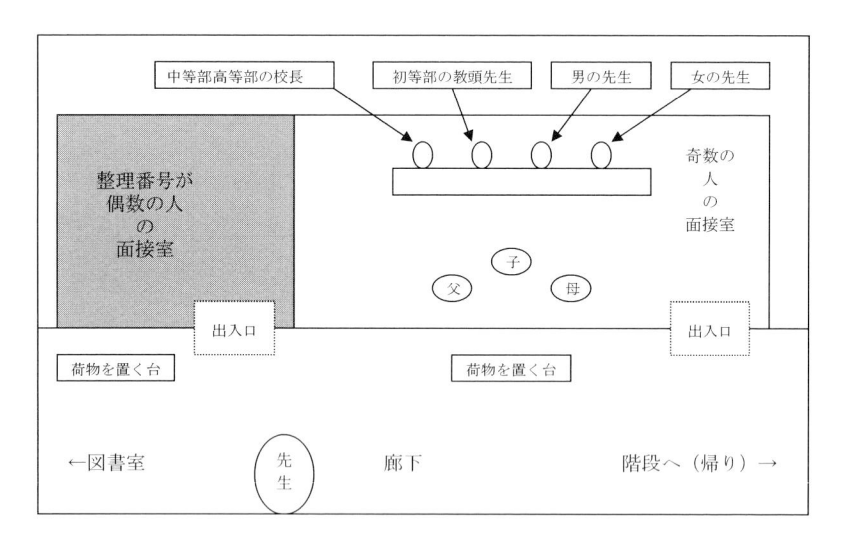

```
┌─────────────────────────────────────────────┐
│     中等部高等部の校長  初等部の教頭先生  男の先生  女の先生  │
│              ↘    ↙   ↓   ↓              │
│  ┌─────────┐  ○  ○  ○  ○  ┌──────┐  │
│  │ 整理番号が │  ─────────   │ 奇数の │  │
│  │ 偶数の人 │                │  人  │  │
│  │   の   │                │  の  │  │
│  │ 面接室  │     ○  ○  ○    │ 面接室 │  │
│  │        │     父  子  母   │      │  │
│  └────┬───┘                └──┬───┘  │
│       │出入口│              │出入口│    │
│  ┌荷物を置く台┐    ┌荷物を置く台┐         │
│                                             │
│  ←図書室    ○先生    廊下      階段へ（帰り）→ │
└─────────────────────────────────────────────┘
```

　図書室が控室になっており、子供は好きな本を読んでも構わないと言われたとのことです。時間がくると、偶数・奇数の各1組ずつ図書室から呼ばれ、前の組が終わるまで部屋の前で待ち、それぞれの面接の部屋に入ります。

　ノックをし、「どうぞ」の声を聞いて、ドアを開けて入室します。挨拶をすると、椅子をすすめられますので、「失礼します」で着席します。ちなみに、椅子はパイプ椅子です。

　面接官は4人です。各先生方の前には、赤茶色の書類入れの箱があり、願書のコピーが入っているとのことです。願書のコピーをみ

Q.「面接」ではどんなことが聞かれるの？

ながら、それにもとづいて面接が行なわれます。

　面接時間は10分〜15分。質問の7〜8割程度は子供への質問で、質問に対する子供の答えを受けて発展する形で進められます。

Q41．2次試験の面接では、どんなことが聞かれますか？

　子供の答えを発展させる形で進められるので、ワンパターンとは言えません。ここでは、あるお子様（合格）の場合で説明します。
先生：「幼稚園の名前は？」
子供：「○○幼稚園です。」
先生：「幼稚園では何をして遊ぶのが好き？」
子供：「こおりおに、です。」
先生：「それはどういう遊びなの？」
子供：「こおりおにっていうのは（中略）という遊びです。」
先生：「これから小学生になるんだけど、小学生になったら、何を
　　　　したいですか？」
子供：「勉強です。」
先生：「どんな勉強？」
子供：「運動です。」
先生：「給食で、もし嫌いなものが出たらどうする？」

Q.「面接」ではどんなことが聞かれるの？

子供：「嫌いな食べ物はありません。」
先生：「おうちでは、どんなお手伝いをしているの？」
子供：「カレーライスを作るときに、野菜を包丁で切るお手伝いをします。」
先生：「お手伝いで、どんなことに気をつけているの？」
子供：「…」
先生：「包丁を使うの、大丈夫？」
子供：「包丁で手を切らないように、気をつけています。」
先生：「お母様にお尋ねします。お子様の性格はどのような性格ですか？」
母　：「やさしい子です。今朝、電車でこちらに参りますときに、○○（子供）はお年寄りに席を譲っていました。」
先生：「○○君、今朝、席を譲ったんだって？　今の面接と、席を譲った時と、どちらがドキドキしましたか？」
子供：「どっちもドキドキしません！」
先生：（爆笑）
先生：「お父様にお伺いします。なぜ、早稲田をご志望なのですか？」
父親：「（略）」
先生：「以上で、面接は終了です。」
受験者一同：（挨拶をして退室）

Q.「面接」のポイントは？

という感じだったそうです。

　有名な話ではありますが、面接室の見取り図を見てわかるとおり、子供の椅子は親の椅子より前にあり、両親が視線に入らないようになっています。

Q42．2次試験の面接では（第4章に書いてある通りに）「関係者はフリーパス」だとすれば、兄姉などが在校していなく、親が出身でもない家庭の、面接でのポイントは？

　いい質問です。第2章のQ22のデータで説明しましょう。2008年度は、1次合格者が182名で、2次合格者（最終合格者）は108名でした。単純に割れば、約1.7倍です。

　しかし、もし（詳しくは第4章で述べますが）最終合格者の4割が「関係者」で「フリーパス」だとすれば、43人（＝108人×0.4）はフリーパスですので、兄や姉が在校生でなかったり、親が出身でご挨拶しているということでもなければ、事実上の倍率はもっと高いことになります。1次合格者からフリーパスの43人を除くと、139人（＝182人－43人）。この中から、65人（2次合格者108人－関係者43人）だけが2次合格することになりますから、倍率は約2.1倍になります。

Q.「面接」で子供が緊張しても大丈夫？

　つまり、「関係者」でなければ、難関の１次試験を突破しても、そこから更に２倍強の面接を乗り越えなければいけないわけです。

　ですから、単に「無難」に過ごしたのでは合格しない、のは明白です。

　ポイントとしては、「受けの面接」ではなく、「攻めの面接」で挑むことです。積極的にアピールする必要があります。アンテナでは、「攻めの面接」が必要であることに気づいてご指導し始めてからは、２次の面接では不合格になる人はごく少数に減りました。

　お通いのお教室の先生にご指導をしてもらってください。

Q43.　子供が緊張しやすくて困っています。緊張すると話せなくなります。２次の面接で、一言も話せなくなったらどうしようかと心配です。どうしたらよいでしょうか？

　練習をすることで改善しますが、結論から言えば、子供が緊張して、２次の面接で一言も話せなくても合格していますので、それほど心配する必要はありません。

　通常の質問の割合は８割程度が子供に集中します。しかし、２次の面接に来ている子供は、難関の１次試験をすでに突破している優秀な子供ですから、学校としては「子供の試験はすでに終わってい

Q.「面接」で子供が緊張しても大丈夫?

る」と考えているのだと思います。

　それでは、面接では何を見ているのか?　一言で言うと、親を見ています。

　「親が変な親でないか」「親が早稲田に協力的かどうか」が最大のポイントです。

　1学年108人のうち、変な親が1人でもいると大変です。単純な割合でいうと、「108分の1」は、less than 1%（1%未満）ですが、先生方の心労やストレスという観点で言えば、全体の3割にも4割にもなりかねません。「この家庭さえいなければ、平穏な学校運営なのに…」と非常に後悔するわけです。

　ですから、面接では「変な親を見つけて、しっかりと不合格にする」ということが大きな目的です。

　「面接したくらいで、わかるのですか?」と思うかもしれません。

　もちろん「変な親」をすべて短時間の面接でスクリーニングすることはできませんが、短い時間でも明らかにわかるほど変な親がいるというのも事実です。少なくとも、そういう親は必ず排除しなければいけません。

　また、自動車運転免許のような一定の水準に達していれば全員合格という試験とは違って、「選ぶ」試験なので、単に「変でなければいい」というレベルではありません。Q41で説明したとおり、

Q.「面接」で子供が緊張しても大丈夫?

積極的にアピールすることが必要です。

　ですので、子供が緊張して話せなくても、心配する必要はありません。そこで子供を怒ったりせずに、「申し訳ありません。子供が緊張していて、話せないようです。」と父親が切り出せば、人柄のよい早稲田の先生方ですから、「それでは、お父さま。」という具合に、両親への質問に移っていくと思います。

第4章　早稲田実業初等部に合格するご家庭像

Q. どういうご家庭が合格していますか？

Q44．どういうご家庭が合格していますか？

慶應幼稚舎同様、さまざまなご家庭が合格しています。

あえて特徴を言えば、「お受験」で比喩的な意味での視野狭窄・精神的近視になっているようなご家庭は少なく、「子供は子供らしいことが大切だ」と常識的な考えを持ったご家庭が多いという印象があります。

Q45．両親がサラリーマンの共働きで保育園でも合格しますか？

はい。アンテナ・プレスクールからも、両親が共働きのご家庭でもまったく支障なく合格しています。お子様が幼稚園でなく、保育園に通っていても同様です。早稲田に限らず、そういうつまらないことを気にする学校は、今はほとんどありません。要は、（当たり前のことですが）お子様が試験当日に点数を取れるかどうかです。

ただ、これも早稲田に限りませんが、お母さんが仕事をしている場合は、面接で「学校の行事には参加できますか？」と訊かれることがあります。

それに対して、「仕事をしているので、行事に参加できません」と言うと合格できないと思いますので、「教育が最優先ですので、

Q. 共働き、保育園でも合格するの？

万難を排して必ず参加します。」とお応え頂けるとよいと思います。

　また、もしお母さまが（お父さまよりも）出世していて管理職になっている場合（こういう場合も散見します。）は、願書に会社や肩書きを書いておいた上で、「お陰様で、こう見えても会社では結構偉いので、時間は融通が利きます。行事参加はもちろん、専業主婦のお母様に負けないくらいお手伝いできると思いますので、なんなりとお申し付けください」くらいに、派手に空（？）手形を切って頂いても結構だと思います。

Q46.「お母さんが仕事をしていると合格しない」という噂はよく聞くのですが…。

　確かに、以前はそういう傾向にありました。それは学校が働くお母様を敬遠していたからでなく、土日に空いているお教室がなかったからです。

　「お受験」に関しては、お教室と受験者の間には大きな情報格差があるので、事実上、お教室は必須です。「お教室を利用せずに合格した」ということが本になるくらい、珍しいわけです。

　しかし、今は、以前と状況が違います。「働くお母さんの『お受験』応援します！」を掲げるアンテナ・プレスクールは土日祝日も

> **Q. 働いているお母さんでも合格する？**

開校しています。アンテナに限らず、土日でもお教室を利用できるようになってきていると思います。

Q47. 土日にお教室に通えば、母親が働いていても合格するのですか？

　そう単純な話ではありません。土日に授業が受けられればよいということではなく、その授業が、長時間の自宅学習を前提としていないということが大切です。

　というのは、働くお母さまの場合、平日に自宅で勉強できる時間が限られてしまうからです。

　働くお母様の「エセ応援団」のお教室では、授業は土日にありますが、ペーパーや生活の対策もグループレッスンで行います。グループレッスンでは、「今日の授業で、お子様は○○と△△ができませんでした。ご自宅でやってください」と言われることになります。つまり、お教室は「あら探しの場」で、ご自宅が「弱点克服の場」になります。

　しかし、働くお母様の場合、自宅で弱点克服をする余裕はありません。逆に言えば、「弱点克服を、その場でしてくれるお教室」じゃないと機能しないのです。「連れてきさえすれば、そこでしっか

Q. 両親が早稲田出身だと有利？

りと教えてくれる」お教室、あるいは、「できないことを指摘してくれる」のではなく、「できないことを、そこでできるようにしてくれる」お教室が必要なのです。

　働くお母様は、お教室を選ぶときに、エセ応援団なのか、真の応援団なのかを見極める必要があります。

Q48. 両親がどちらかでも早稲田出身（中・高・大）であることは合否に関係ありますか？

　結論から言うと、1次試験に関しては、両親が早稲田出身であってもなくても（基本的には）関係ありません。あくまでも子供の試験での点数の問題です。慶應幼稚舎同様、親がOB・OGでもバンバン不合格になっています。

　2次試験に関して言うと、お父さんが早稲田実業の中学・高校の出身の場合は、校風をよく理解していて、熱意をアピールしやすいという点で有利でしょう。最近の2次試験（面接）では、無難に回答するだけでは合格しません。学校に対する熱意をしっかりと伝えることが必要です。

　ですから、親が出身であるという事実だけでは、ほとんど意味がありません。出身者であるからこそ愛校心があり、学校運営に協力

Q. 早稲田は「コネ」で合格するの？

的であるということをきちんと伝えられて初めて、出身であることがプラスになります。

　出身者でも、「早稲田が好き！」「好きな早稲田の役に立ちたい！」という気持ちをアピールせずに、醒めた雰囲気では、奏功しないこと請け合いです。

Q49.「両親が出身でも、1次試験に関しては（基本的には）関係がない」ということですが、逆に言えば、例外的に、少数かもしれませんが、合否に関係があるケースがあるということですか？　いわゆるコネということですか？　コネで合格するのですか？

　「早稲田がコネで合格するのか？」という点については、「少数ながら、する」というのが私の印象です。ただ、本当に少数で、点数が合格点近くまで達していなくて合格したという子供は、毎年若干名程度で、多い年でも、せいぜい1割未満（10人以下）でしょう。

　そのコネ合格者というのは、典型的には、早稲田大学時代に体育会（早稲田では、体育部というらしい）出身のプロ・スポーツ選手（実業団含む）で、寄付金をばっちり（数千万円程度）した、というようなケースです。

Q. 兄・姉が在校生なら優先合格？

在校生の知り合いがいてその手の質問をしていただければ、「○○選手の子供がいるよ」と気軽に教えてくれるに違いありません。ただ、プロ・スポーツ選手の子供だからと言って、その人が必ずコネ合格者だとは限りませんので、あしからず、誤解のないようお願いいたします。

Q50. 兄や姉が在校生の場合は、優先的に合格させてもらえるのでしょうか？

弟妹としての配慮はあると思います。

具体的に言えば、1次試験については是々非々（他の受験者と同じ程度には点数をとらないと合格しない）でしょうが、2次試験では基本的にフリーパスだと思います。

「基本的に」というのは例外があるという意味ですが、その例外には2つのケースがあると思います。

ひとつめの例外。学校側も在校生に兄姉にいれば、そのご家庭がどんな家庭かはよく知っています。もしも、そのご家庭が「学校に協力的でない家庭」であったり、「兄や姉が問題児」「親がうるさい（モンスターペアレンツ）」などの場合は、逆に「優先的に不合格」になると思います。

Q. 兄・姉が在校生なら優先合格？

　ふたつめの例外。兄姉のいる人ばかりでは学校側も困るので、兄弟枠には人数に上限があると推察します。

　なぜ困るのか。学校にしてみると、(寄付については後述しますが)寄付を受けやすいのは、「在校生に兄弟がいない家庭」だからです。一般的に言えば、一度、多額の寄付をした家庭から２回目の多額の寄付は期待しがたいでしょう(もちろん例外があるでしょうが)。

　一方、学校にとっては、兄姉のいるお子さまに入学してもらうという場合は、ご家庭の状況をよく知っているから、安心できる（変な親でないことが確認済）というメリットもあります。

　そのバランスを考えなければいけません。

　私が観察するところ、「兄（姉）が在校生である」とか、父親が早稲田実業出身で事前に先生に挨拶に行っているとかの、いわゆる「関係者」は、せいぜい合格者の４割程度にとどめるというのが、バランスの目安ではないかと見ています。

　ですから、「在校生に兄姉がいる家庭は２次試験はフリーパス」と言っても、そういうお子様が44人以上（入学者108人×40％＝43人）にはなりづらいでしょうから、点数の高い順番に兄姉がいるお子様等の「関係者」の中で43番までに入っていないといけない、ということでしょう。

　兄姉が在校生でも、手をぬかず、しっかりと２次対策をしなけれ

Q. 兄が「他の私立」だと不利？

ばいけない、ということです。

Q51. 兄が他の私立小学校に通っています。不利ですか？

　その私立小学校がどの学校かによる、というのが答えです。私見ですが、はっきり言うと、慶應幼稚舎以外は早稲田の先生方は意識していないと思います。ただ、慶應幼稚舎以外でも、いわゆるブランド校の場合は「早稲田が第一志望か否か」を、2次の面接のときに、訊かれると思います。

　まずは、兄あるいは姉が慶應幼稚舎の場合。

　この場合は、「幼稚舎に合格したら、どうせ、幼稚舎に行くんでしょ」と思われるに違いありません。ウソをつくのはよくないので、もし幼稚舎第一志望であれば、

　親：「はい、幼稚舎も受験します。ただ、学校の進学はご縁ですから、ご縁がありましたらぜひ御校にお世話になりたいと思います。」

というくらいに、言うほかありません。

　ただ、兄姉が幼稚舎に通っていても、受験者の子供が幼稚舎を受験しない場合、あるいは、両方に合格したら早稲田に入学したい（早稲田が第一志望）場合には、その旨をはっきりと伝えることは

Q. 兄が「他の私立」だと不利?

非常に重要です。

　次に、兄姉が(幼稚舎ではないが)ブランド私立小学校に通っている場合です。

　先ほどは、「早稲田が第一志望か否か」を訊かれると申し上げましたが、実際には、直接そういうふうには訊かず、以下のような形になると思います。例は、姉が聖心に行っている妹が受験しているときの、2次の面接でのやりとりです(想定したもの)。

　先生:「お姉さんはどこの小学校に通っているのですか?」
　親:「聖心です。」
　先生:「聖心も受験なさったのですか?」
と訊かれるでしょう。このときに、
　親:「はい、受験しました。」
とだけしか言わないのは危険です。なぜなら、「どうせ、聖心に行くのだろうな」と思われてしまうからです。

　もし、聖心を受験していないのであれば、それをはっきりと言うことが大事ですし、受験したとして、早稲田が第一志望であれば、
　親:「はい、受験しましたが、早稲田実業が第一志望ですので、
　　　もしご縁がありましたら、御校に入学させて頂きたいと思い
　　　ます。」
とはっきり言うこと必要です。ただ、姉と違う学校に進学させたい

Q. 兄が「他の私立」だと不利？

とおもうのは少数派だから、理由も訊かれる可能性があります。

　先生：「聖心も素晴しい学校だと思いますし、当校を第一志望とおしゃって頂くのは大変うれしいのですが、聖心で何かありましたか？」

という感じに訊かれるかもしれません。

　その時に、「聖心とトラブルになった」とか、聖心の不満を言うと「この家庭は、早稲田にきても同じで、不満を持つだろう」とマイナスの印象になってしまいます。事実がそうであるのなら仕方ないのですが、理想的には、

　親：「おっしゃるとおり聖心も素晴しい学校で、姉には合っているのですが、次女は元気がよく共学の学校を志望していますので、親としては御校にお世話になりたいと思います。」

という具合に、はっきりと理解しやすく志望理由を伝えてください。兄姉が他のブランド私立に在校していると、あらぬ誤解を受ける可能性がありますので注意が必要です。

　次に、ご参考までに、類似の場合をご紹介します。

　たとえば、父親が慶應大学出身だったり、自宅住所が慶應幼稚舎の近所の場合です。こういう時にも、２次試験の面接のときに「慶應幼稚舎は受験しますか？」と訊かれることがあるようです。

　このときも同様に、幼稚舎を受験しないのであればその旨を明確

Q. 遠距離通学は不利？

に伝えるべきだし、早稲田第一志望であればその旨をはっきりと伝えることをお勧めします。

Q52．遠距離通学は不利ですか？

　不利ではありません。早稲田の学校説明会でも明言されていましたが、通学距離・通学時間に関しては、学校はまったく気にしていないようです。「通学時間や通学距離はご両親のお考え次第」というのが学校側のコメントです。

　ただ、有名な話ですが、早稲田実業は入学式の翌日から、親が子供を送り迎えすることを禁止しています。「春休み中に通学の練習をして、春からは一人で来れるようにしてください」と言われるようです（実際には、学校の帰りに、吉祥寺あたりでお母さんが子供と合流するという話も聞きますが。）。

　また、２次の面接のときに、子供に「電車の切符を買ったことありますか？」や「一人で電車に乗ったことありますか？」と訊かれることがあるようです。幼児が一人で電車に乗ることはないでしょうし、親と一緒であればタダですから、切符を買う必要もないわけですから、

　子供：「切符を買ったことがありません」

Q. 早稲田は「お金持ち」じゃないと無理？

等と答えると、

　先生：「小学生になると、一人で電車に乗って学校にくることになるのだけれど、一人で来れるかい？」

と訊かれます。その場合は

　子供：「はい！」

と元気よく答えれば問題ありません。

Q53. 早稲田に合格するご家庭は「お金持ち」だっていうのは本当ですか？　子供が優秀でも、家庭の資産がみられて、ダメだったという話を聞きました。

　失礼ですが、結構、笑える質問です（苦笑）。

　不合格だったお母様たちは、色々と言い訳を言います。「やっぱり、コネがないと受からないのよね」とか「やっぱり、お金持ちじゃないとダメなのよね」とか、です。

　改めて言うまでもありませんが、合格者のご家庭が特に「お金持ち」ということはありません。もちろん、学費が払えないくらい逼迫している、疲弊している、不安定な経済状況である、というのは困ります。また、できれば、寄付をしていただける程度には余裕があるといいとは思っているでしょうが、金銭的な要求度はその程度

Q. 寄付をたくさんしないと合格しないの？

でしょう。

　逆に言えば、1兆円の個人資産がある家庭でも、超ドケチでまったく寄付をしない家庭であれば、学校にとってみれば、資産1万円のご家庭と変わりがない（寄付してくれないという点で）ので、お金持ちかどうか、ではなく、学校に協力的かどうかがポイントではないでしょうか。

　「家庭の資産がみられて…」などと言いますが、家庭の資産をどうやったら学校が調べることができるのでしょうか。今では、調べることが仕事の興信所ですら、他人の預金通帳の金額は調べられません。

　人の言うことを信じる素直なところは素晴しいことではありますが、常識的に考えることも「お受験」では必要です。お受験ママたちの噂は99％が「ガゼ」（ウソ）ですから、そんなことをイチイチ気にしないで、やるべきことを淡々と実行すべきだと思います。

Q54. 早稲田は寄付をたくさんしないと合格しないのでしょうか？

　初めて質問されたときには、「今さらそんなことを訊く人がいるのか？」と思っていましたが、意外と多くの人が、未だに「寄付金」について質問しますので、お応えします。

Q. 寄付をたくさんしないと合格しないの？

　2003年11月実施の早稲田の2次試験（面接）で、2次試験受験者「全員」に350万円の寄付を依頼したことがマスコミで騒がれたのは、まだ記憶なさっていることでしょう。

　ニュースの本来の趣旨は、わかりやすく言うと、早稲田実業が東京都から受けている補助金の前提として、寄付金の最低金額が50万円であったにもかかわらず、入学者全員から350万円を寄付させるというのは話が違う、そんなに寄付がもらえるのなら補助金は減らしてもいいですよね、という補助金交付の取消処分の話だったと思います。つまり、ポイントは、2次試験受験者「全員」に寄付をお願いしたことが、東京都への申請内容と異なるということだったのですが、マスコミ的には、350万円という金額が一人歩きして面白おかしく騒がれたというのが、「寄付金騒動」の顛末です。

　私の聞いたところでは、実は、早稲田実業は設立初年度の入試から、寄付金の要請を2次試験の面接でしていたようですが、2次試験受験者「全員」にしたのではなく、1次試験の成績が下位のご家庭にだけお願いしていたので、（全員にしていたわけでないので）問題になっていませんでした。

　私の想像では、早稲田の先生方は堅苦しい「法律」だの「制度」には疎い一方、人柄が良いので、「成績が下位の家庭にだけ寄付をお願いするのは、いかがなものか。全員に公平に負担していただく

Q. 寄付をたくさんしないと合格しないの？

のがよいのではないか」と考えたに違いありません。その結果、あの「事件」が起こったのだと思います。

　その「事件」後は、2次の面接では、寄付金の「き」の字も出ません。合格し、入学手続きをしたご家庭に配られるプリントの中に、寄付金のお願いがあり、「新入生のご家庭からの寄付金の希望金額は、合計で○○円です。今年の入学者は108名です。」という趣旨のことだけが書いてあるだけです。

　行間を読むと、寄付金の希望金額合計を108人で割ると一人当たり180万円強になるのですが、「平均値ぐらいは寄付してね！」という願いがこもっているように読めます。

　ただ、最低寄付金の金額は「募集要項」にある50万円ですので、実際の入学者の中には、50万円しか寄付しない人も多数いるのだと思います。

　あんなに立派な校舎を建てているのですから、み○○銀行から多額な借金をしているに違いありません。「学費」は通常の学校のランニング・コストで消えていきますから、借金を返すには「寄付金」をしっかりと集めるしかないわけです。

　質問にお答えするとすれば、次のようになります。

　「多額な寄付をする必要はありません。ただ、学校は借金返済に悩んでいるのだし、『気は心』ですから、無理のない範囲で、でき

> Q. 寄付したいが、まとまったお金が…

るだけ寄付をして頂けるようなご家庭に入学してほしいと考えるのは自然だと思います。そのような学校の運営の協力的なご家庭こそ、早稲田に限らず私立小学校が望む保護者なのだと思います。」ということでしょう。

Q55. 寄付をしたい気持ちは山々なのですが、まとまったお金がありません。どうしたらよいですか？

　寄付金の最低金額である50万円を含めて、初年度納付金は払わないと入学できませんので、お尋ねの質問は、「最低金額は納付できるが、何百万円も追加では寄付できない」という趣旨だと思います。
　結論から言えば、「追加の寄付金は分割OK」ということでしょう。もらえないよりは、もらえる方が良いに決まってますので、「もらえるものはいつでもウェルカム」でしょう。
　寄付というのは、「合格できて、うれしい！」と気分が盛り上がっているときにババンとするのが普通で、しばらくたって、合格した喜びが薄れてきてから寄付する人というのは少数派でしょう。
　逆に言えば、継続的に寄付してくれる人こそ、真に学校を応援してくれる人だとも言えるので、感謝されこそすれ、何の問題も支障

Q. 家庭の日常生活で気をつけることは？

もありません。

　支払う人（お父様）の税金を考えると、入学時以外のときに寄付すると所得控除になるという場合もあるようです。ただし、税金に関しては（アンテナにではなく）税理士にご相談ください。

Q56. 早稲田の試験では「家庭での普段の過ごし方」が重要だと聞いたことがあります。家庭では、どんなことに気をつけて日常生活を送ればよいでしょうか。

　早稲田の試験は、一言で言うと、「スムーズに学校生活を送れる子かどうかを見る試験」だと言えるでしょう。
　また、さらにいえば、「将来の早稲田を担う人材になれるかどうかを見る試験」でもあります。
　具体的に言えば、それは、「リーダーシップをとって、お友達と仲良く遊べる」「自分のことは自分でできる」「先生のお話を聞ける」ということです。
　「リーダーシップをとって、仲良く遊ぶ」という点では、「お友達とコミュニケーションをしっかりとれるか」が問われます。意見が異なるお友達を説得したり、お友達の揉め事を仲裁できたり、ということが大切です。これは家庭で、というわけではありませんが、

Q. 家庭の日常生活で気をつけることは？

幼稚園・保育園や公園などで遊ぶときに留意するといいでしょう。

家庭での日常生活という点で言えば、「自分のことは自分でできる（自立）」「お手伝いをする」ということに重点を置いていただくと良いと思います。

「自立」と「お手伝い」に関係することにおいて、試験では、次のようなことが出題されています。

- 服を着る・脱ぐ（ボタンをとめる・はずす）・たたむ
- 靴（靴下）を脱ぐ・履く
- 雑巾で拭く・すすぐ・絞る・干す
- じっと静かにしている
- 紐を通し蝶結びする
- トイレに行く・手を洗う・手をハンカチで拭く
- お箸を使う
- ものを箱にしまう
- ものをリュックにしまう
- 風呂敷でものをつつむ
- はさみで切る

以上のことは、普段の家庭生活で身につけることができます。

具体的には、「夜寝るときに、着ていた服（靴下）を脱いでたた

Q. 家庭の日常生活で気をつけることは？

む」、「朝起きたら、自分で服を着る（靴下を履く）」、「洗濯した衣類をたたむお手伝いをしてもらう」、（最近は雑巾を使わない家もありますから）「台ふきんで食卓を拭くお手伝いをしてもらう。拭いたらすすぐ、絞る、干す」、「おもちゃを決まった箱にしまう」、「自分のもちものをかばんに入れる」、「お箸で食事をする。お箸で取り分けてもらう」など、でしょう。

　また、早稲田では出題されていないが、他校で出題されている類似の項目には以下のようなことがあります。

・紐やゴムで（鉛筆などを）束ねる

・かた結びされているひもを解く

・ほうきとチリトリで掃除をする（他校でも未出題）

・ペットボトルの水をコップに入れる

　出題の可能性がありますので、やっておくことをお勧めします。

第５章　早稲田実業初等部に合格するための対策

Q. 早稲田は「月齢配慮」はありますか？

Q57．早稲田の試験では月齢配慮はありますか？

　あるようです。しかし、(試験問題の難易度が違う、生まれ月別の合格者数の割り振り等、わかりやすい配慮がある「慶應幼稚舎」に比べると) 具体的にどのような配慮があるのかはよくわからないというのが正直な感想です。

　早稲田実業では、月齢順に受験番号を振っていますので、そういう意味では、生まれ月が接近した子供と一緒に試験をしていますし、合格者の受験番号も拝見する限りではそれなりに分散されているので、合格者の月齢分布もそれなりに一定になっていると思います。

Q58．自宅で勉強する場合に気をつけるほうがよいことはありますか？

　はい、あります。これは早稲田対策に限りませんが、最大のポイントは「ガミガミ怒らないこと」です。

　ガミガミ怒っても、できるようにはなりません。逆に、怒らないほうができるようになりやすいと経験的に思います。

　しかし、「家でペーパーをやっていると、わかっているけど、つい、ガミガミと怒ってしまいます」というお母様は非常に多いのが

Q. 自宅で勉強するときの注意点は？

　実情です。というよりも、「私は怒りません」というお母様には会った記憶がないほどです。ちなみに、怒る時の文句トップ３は、「早くやりなさい！」「先もやったでしょう！」「どうして、できないの？」の３つです。言われる子供も、そのような精神論的叱咤を受けても、途方に暮れるだけです。何か言うのであれば、具体的な技術指導をすべきです。

　ガミガミ怒らない秘訣は、「ペーパーは、ただ、やるだけでOK。教え込もうとしないこと」だと思います。

　例えば、ペーパーを１日５枚やると決めたら、その５枚は「ただ、やればよい」だけで、できても、できなくても気にする必要はありません。正解であれば、「よくできたね」と誉めてあげてください。不正解の場合が問題です。ひとこと言えばわかる、という場合は、ひとことだけ言う。それでもわからない時は、あえて教えようと思わないで下さい。もし、アンテナのように、やさしい先生がマンツーマンで教えてくれるお教室に通っているのであれば、「この問題は、アンテナの先生に教えてもらおうね」と言って、「できなかった問題ファイル」に綴じておけばよいのです。そして、その問題を、時々、お教室に持っておき、先生に「うちの子は、これが苦手なのでご指導お願いします」と言えばいいわけです。

　「うちは、お教室には通っていない」とか「グループレッスンし

Q.「記念受験者」対策は？

かないお教室に通っているので…」という人の場合は、「できない問題があっても気にしない」のが一番です。時期がきたら、自然とできるようになります。

　面倒ですが、自宅で模擬試験風に勉強するのも一つの手です。1日5枚だとしたら、その5枚を表紙をつけてホッチキスで綴じ、頁にマークをつけます。マークは何でもいいのですが、「りんごの絵」とか「サイコロの目」などが典型です。そして、問題文をお母さま（あるいは、お父さま）がテープに録音するのです。「それでは、問題をはじめます。りんごの絵の頁を開いてください」という具合にです。そして、解答時間分（たとえば1分であれば1分）だけ、テープを空で録音します。解答時間が終わったら、「はい、やめ。次に、バナナの頁を開いてください。」という具合につくります。

　これだと、子供も母親の目を気にしないで勉強しますので、親子共々精神衛生上よいのではないでしょうか。

Q59. 早稲田は幼稚舎と同様、まったく準備をしてこなかった子が受験すると思うのですが、何か気をつけることはありますか？

　いわゆる「記念受験者」の存在についての質問ですね。良い質問

Q.「記念受験者」対策は？

です。お教室に通わずに、いきなり受験する人も、幼稚舎や早稲田のような超人気校には結構いらっしゃいます。例年、同じグループに「とんでもない子」がいて、「ペースがかき乱されて、一緒におふざけして、残念な結果になった」という噂はよく訊きます。

去年では、おしゃべりを注意された子供が、「小島よしお」の「そんなの関係ねぇ！」とやってしまい、つられてやっちゃたという子供がいたという話も聞きました。

お教室に通っている子供は集団での活動に慣れていますが、お教室に通っていない子供はそうではないので、子供によっては、試験会場でも先生のお話や注意を無視して、やりたい放題、ということもあるようです。

この対策には時間がかかります。

要は、「隣の子がおしゃべりをしていても、自分はおしゃべりしない」という練習が必要です。「隣の子がふざけても、自分はふざけないで、やるべきことをやる」という練習が必要です。

プライベートレッスンだけのお教室や、厳しい先生のお教室ではこういう練習ができないので（記念受験者が多い学校を受験する場合は）致命的です。

「NHKのラジオ英会話で自信をつけてアメリカに行ったら、現地のアメリカ人の話すことが全然わからなかった」というのと同じで

> Q. 学校説明会以外の行事は？

す。現地のアメリカ人は、ラジオ英会話に登場してくる人みたいに綺麗な発音で、ゆっくりとは話してくれないわけです。試験で言えば、「全然わからなかった」のだから、「不合格」ということになります。それでは、どうすべきだったのでしょうか。それは、ラジオ英会話だけでなく、実際に普通のアメリカ人が話す言葉を聞く練習をしなければいけなかったのです。

「お受験」でも同じです。

試験本番で実力が発揮できるような、実践的な練習をやらないと意味がありません。試験は一発勝負です。「同じグループの子供がふざけたから、うちの子も引きずられた。普段は、うちの子は優秀なのだから合格させて！」とお願いしても、学校はそんな言い分を聞くわけがありません。

学校の試験の実情に合わせて、現実的・実践的に対策をすることが大切です。

Q60. 学校の様子を知るために参加できる行事は学校説明会以外にありますか？　特に兄姉や知人が在校生にいるわけではありません。

はい、学校説明会以外にも、施設見学会という機会が9月の第一

Q. 試験直前の注意点は？

土曜日に例年あります。学校説明会は大隈講堂や文京シビックホールで行なわれていますが、施設見学会は（学校の施設を見に行くので）国分寺の校舎で行なわれます。

学校説明会もさることながら、施設見学会も出題予想のネタに溢れています。たとえば、私が見に行ったときには、教室の椅子の後ろに洗濯ばさみで雑巾を干してありましたが、まさに、それが試験に出題されていました。そういう目で注意深く観察するとよいでしょう。また、雰囲気を感じることも必要です。

2次の面接では、「ここに来たのは何度目ですか？」とお父様に聞かれたこともありますので、「初めてです」と言わないためにも、ぜひご家族でお出かけ下さい。

関連したことを申し上げますと、学校説明会ですが、「行き方」にコツがあります。これは、「慶応幼稚舎入試解剖学」に詳しく書いてありますので、ぜひ、お読み下さい。

Q61. 試験直前の注意点はありますか？

「慶應幼稚舎入試解剖学」に書いてあることが、早稲田にも適用できます。①試験の集合時間にあわせた生活をすること、②風邪をひかないように注意すること、③苦手なことをやらないこと（でき

Q. 試験当日の注意点は？

ることを少しでも増やそうとガミガミやるよりも、気分よく過ごすほうが結果がいい)、などです。学校までに乗換えが多い人などは、同じ時間帯で、実際に行ってみるとよいでしょう。電車は風邪が移されますので、マスク着用、手洗い・うがいを徹底してください。

詳しくは、「慶應幼稚舎入試解剖学」をご覧いただけると幸いです。

Q62. 試験当日の注意点はありますか？

一言で言えば、気分よく受験できるようにすることです。

「慶應幼稚舎入試解剖学」に書いてある以外の例を出すとすれば、家を出てすぐ転んでケガをして、気分が乗らずに実力を発揮できなかったお子様もいました。

また、親は持ち物を、家を出る前に余裕をもって、持ち物をチェックしてください。受験票を忘れて、途中で気がついて戻っても、気が動転していて、うまくいきません。

Q63. 願書の書き方で注意すべき点はありますか？

これも、「慶應幼稚舎入試解剖学」で詳しく書いてありますが、一言で言うと、「つまらない願書は書くな！」ということです。

Q. 願書の書き方の注意点は？

　思わず引き込まれる願書は、①志望動機がオリジナルでディテールがあり、②その志望動機が学校が望んでいるもの、③インパクトがあり読みやすい構成になっている、④字は大きく読みやすく書く、ということです。

　願書というのは、普通の書き物とは別ものなので、「作家の先生が書く願書でも、願書としてはダメ」というケースも普通です。文案をつくったら、お教室の先生に添削してもらうとよいでしょう。

　写真については、「慶應幼稚舎入試解剖学」にも書きましたので詳しくはそちらをお読みいただけると幸いですが、エッセンスは、
① 試験当日の髪型とぜんぜん違う写真はやめたほうがいい、
② 一度でばっちりとよい写真がとれることはなかなかないので何度か行く覚悟で、
③ 写真撮影は（当たり前ですが）伊勢丹でなくても大丈夫（過度の修正する写真館はお勧めしません）、
ということです。

Q64. 入学後の話で恐縮ですが、家庭教師は必要ですか？

　必要ではないでしょう。早稲田実業は、（親は色々思うところがあるかもしれませんが）子供たちの満足度は非常に高い学校です。

Q. 入学後のクラス分けの基準は？

楽しい学校生活が待っていますし、落ちこぼれさえしなければ、大学まで「ついてくる」わけですから、家庭教師をつける意図がよくわかりません。

　家庭教師をつけないと勉強についていけない、ということはないでしょう。ただ、1年生のときから、年齢に応じて、自宅で学習する習慣や読書の習慣などはつけておくとよいと思います。そういうクセは、大きくなってからはなかなか身につきません。

Q65. これまた、入学後の話で恐縮ですが、クラス分けの基準は何かあるのですか？

　慶應幼稚舎のような、わかりやすいクラスわけはないようです。幼稚舎では、6年間クラス替えがなく、担任が持ち上がり、運動会では必ずと言っていいほどO組（K組、E組、I組、O組の4クラスのうちで）が優勝する、というようなことからも、クラスわけが非常に戦略的に行なわれているということが垣間見れますが、早稲田ではクラス替えもあり、担任の先生も1年あるいは2年ごとに変わるようですので、特定の基準でクラス分けが行なわれる、ということはないようです。

好評につき増刷！

慶應幼稚舎 入 試 解 剖 学

「試験で毎年言われる『3つのお約束』って？」
「ビブスは自分で？」
「ご縁がないと、合格しないの？」
など、志望者が知りたいことにホンネで回答。

アンテナ・プレスクール編
定価：2800円＋税
ISBN　978-4-903852-003

さくいん

ア
兄が他の私立小の場合　P79
遠距離通学　P82
お金持ち　P83
お教室
　　～選び　P14、19
　　厳しい～　P16
親が早稲田出身　P75
親子面接　P63

カ
絵画の課題　P62
過去問の入手方法　P11
学校説明会　P96
家庭教師（入学後の）　P99
家庭での過ごし方　P88
ガミガミ怒らない秘訣　P93
願書　P98
記念受験　P94
寄付金　P84～88
兄弟が在校生　P77
緊張（子供の）　P68
クラス分け（入学後の）　P100
月齢配慮　P92
合格者数
　　全体の～　P2
　　1次・2次別の～　P31

合格する家庭像　P72
コネ　P76

サ
試験
　　1次～の流れ　P33
　　～から運動がなくなった理由　P25
　　～が6題から4題に　P26
　　～直前の注意　P97
　　～当日の注意　P98
　　～の概要　P24
　　～の内容　P42
　　～の時期　P27
　　～の時間　P31
　　～の順序　P29
施設見学会　P96
自宅で対策すべきこと　P13
自宅で勉強するときの注意　P92
写真　P99
「自由遊び」　P15、45～57
ゼッケン　P37
雑巾　P89

タ
体操教室　P20
ちぎり絵　P42

「的確な対策」 P8
共働き P72

ハ

倍率 P2、3、
　　実質〜 P4
控室 P38
　　2次の〜 P64
ひも通し P89
服装 P35、36
服の着脱 P89
ふざける子 P17

ペーパー P58〜
　　具体的な〜出題例 P59
保育園 P72
募集状況 P2〜

マ

面接
　　〜整理番号 P32
　　〜で聞かれること P65
　　〜のポイント P67
持ち物 P35

＜参考文献＞
アンテナ過去問シリーズ　早稲田実業08（内部教材）
アンテナ過去問シリーズ　早稲田実業07（内部教材）
アンテナ過去問シリーズ　早稲田実業06（内部教材）
アンテナ過去問シリーズ　早稲田実業05（内部教材）
入学入試情報09　教育図書21

早稲田実業初等部　入試解剖学

2008年6月6日　　　　初版　第1刷発行

編者	アンテナ・プレスクール
発行者	石井至
発行所	石井兄弟社
	〒150-0001　東京都渋谷区神宮前1-17-5-503
	電話03-5775-1385　　FAX03-5775-1386
印刷製本	株式会社シナノ

ISBN978-4-903852-02-7
© Antenna Preschool
Printed in Japan
落丁・乱丁本はお取り替えいたします。